Spontane menschliche Selbstentzündung: Mythos oder Realität?

Kurt Diedrich

Spontane menschliche Selbstentzündung:
Mythos oder Realität?

Bibliografische Information der Deutschen Nationalbibliothek:
Die Deutsche Nationalbibliothek verzeichnet diese Publikation in der Deutschen Nationalbibliografie; detaillierte bibliografische Daten sind im Internet über http://dnb.dnb.de abrufbar.

TWENTYSIX – Der Self-Publishing-Verlag
Eine Kooperation zwischen der Verlagsgruppe Random House und BoD – Books on Demand

© 2020 Remo Kelm Selfpublishing Solutions (Herausgeber)

Herstellung und Verlag:
BoD – Books on Demand, Norderstedt

ISBN: 9783740764838

Autor: Kurt Diedrich
Cover: Pixelcompetence

Inhalt

Einleitung	S. 7
Die bekanntesten Fälle	S. 10
Vier Fälle mit Zeugen	S. 30
Der Fall Canneto di Caronia	S. 33
Übersinnliche Phänomene oder nur tragische Unfälle?	S. 37
Physikalische, chemische und andere Ursachen	S. 46
Fazit	S. 65
Quellangaben	S. 69
Über den Autor	S. 74

Einleitung

Die meisten Menschen können sich unter dem Begriff „Spontane menschliche Selbstverbrennung" (Spontaneous Human Combustion = SHC) wahrscheinlich nicht viel vorstellen, doch wer sich für das Thema „Grenzwissenschaft" interessiert, weiß, dass es sich hier nicht nur um ein höchst interessantes, sondern auch um ein sehr umstrittenes Thema handelt, denn ob sich die im vorliegenden E-Book aufgelisteten Fälle wirklich so wie beschrieben zugetragen haben, weiß niemand ganz genau.

Zu den Hauptmerkmalen der spontanen Selbstverbrennung gehört unter anderem, dass die betroffenen Personen offenbar in Sekundenschnelle und ohne ersichtlichen Grund aus heiterem Himmel in Flammen aufgehen und zu Asche verbrennen, und dass von den Opfern, so unglaublich das klingt, oft sogar noch einzelne, völlig unversehrte Körperteile übrig bleiben. Seltsamerweise sind dabei oft auch Gegenstände aus der unmittelbaren Umgebung oder gar Teile der Kleidung völlig unbeschädigt – Tatsachen, die sich mit unseren Alltags-Erfahrungen nicht in Einklang bringen lassen.

Diejenigen, die eine paranormale Ursache der spontanen Selbstverbrennung für möglich halten, führen solche ungewöhnlichen Verbrennungen auf eine bisher unbekannte Energiequelle zurück, denn bislang konnten nicht alle Todesfälle dieser Art, die in der rechtsmedizinischen Literatur zu finden sind, lückenlos geklärt werden. Der Autor Lars Fischinger, der sich mit paranormalen Phänomenen beschäftigt, schreibt dazu zum Beispiel auf seinem Blog (Zitat): „Die spontane Verbrennung von Menschen ist heute, im Gegensatz zu früheren Forschungen, als Tatsache durchaus ernst genommen worden. Was aber die wirkliche und verbindliche Ursache ist, weiß niemand. Ebenso wenig weiß niemand, wie „spontan" eine solche spontane Selbstentzündungen von Menschen ist und ob nicht in jedem Einzelfall eine Erklärung hätte gefunden werden können".

Bisher wurden ungefähr zweihundert Beispiele für solch gruselig anmutende Vorfälle zusammengetragen, wobei sich die Zeitspanne etwa vom 17. Jahrhundert bis heute erstreckt. In den meisten Fällen sind wir auf Aussagen der Behörden (Polizei, Feuerwehr, Ärzte, Forensik) angewiesen, oder auf Berichte von Zeugen, die die verbrannten Reste der Opfer fanden.

Wenn man heutzutage zu einem Thema recherchiert, ist es offensichtlich, dass man dazu das Internet nutzt, denn es stellt im Gegensatz zur umständlichen Suche in vergilbten Büchern ein schnelles und effektives Werkzeug dar. Doch obwohl es, wie bereits erwähnt, über 200 Fälle gibt, ist mir aufgefallen, dass sich viele der diesem Thema gewidmeten Webseiten stets auf einige wenige Fälle zu konzentrieren scheinen: Ganz gleich, wie man auch googelt, es tauchen fast immer dieselben etwa 20 verschiedenen Namen auf.

Diese geringe Zahl hängt damit zusammen, dass ein hoher Prozentsatz der Fälle nur sehr unzureichend dokumentiert ist. Auch die Hintergrund-Informationen zu den ausführlicher dokumentierten Fällen sind meistens nie ganz vollständig: Während eine Webseite nur den Namen nennt, findet man auf einer anderen Seite zu diesem Fall lediglich den Ort, und auf einer weiteren Seite (erfundenes Beispiel) heißt es dann nur noch: „Bei einem anderen Fall aus dem Jahre 1783 blieb vom Opfer nur noch Asche übrig". Mir ist allerdings aufgefallen, dass die englischsprachigen Webseiten bei diesem Thema im Allgemeinen wesentlich informativer sind als die deutschen.

Um etwas mehr Licht ins Dunkel zu bringen, habe ich mir zunächst eine Tabelle angelegt, in der ich alle Informationen zu den einzelnen Fällen, die ich fand, zusammengetragen habe. Auf diese Weise hat sich langsam ein Gesamtbild herauskristallisiert: Neben Ort, Datum und Namen finden sich in dieser lediglich als Arbeitsmaterial dienenden Tabelle auch, soweit vorhanden, Beschreibungen zu den Vorfällen und deren Begleitumständen sowie zu den Personen, die in den Fall verwickelt waren oder ihn aufzuklären versuchten.

Erst wenn man all diese zusammengetragenen Informationen auswertet, ihre Quellen analysiert, sie vergleicht und in Bezug zu den möglichen wissenschaftlichen Erklärungen stellt, kann man sich eine objektive Meinung zum Phänomen der spontanen Selbstverbrennung bilden. Dieses Ziel kann ich in einer Abhandlung dieses bescheidenen Umfangs natürlich nur anstreben, aber niemals erreichen, und ob man jemals eine eindeutige wissenschaftliche Erklärung finden wird, die ausschließlich auf der Recherche von Berichten basiert, wage ich zu bezweifeln.

Im Folgenden werde ich zunächst einige der bekanntesten Fälle so detailliert wie es die Quellen erlauben, beschreiben, gemeinsame Merkmale aufzeigen, die bisherigen, wissenschaftlichen Erklärungen vorstellen und ein Experiment erklären. Im Anschluss daran kann sich der Leser sein eigenes Urteil bilden, ob es sich bei der spontanen Selbstverbrennung um einen auf natürliche Weise erklärbaren physikalischen Vorgang handelt oder ob dabei unbekannte Kräfte oder Mächte im Spiel sind. Auch die Frage, ob all diese Vorfälle nicht vielleicht bloß der blühenden Phantasie einiger Zeitgenossen entspringen, ist durchaus berechtigt.

Die bekanntesten Fälle

Da die ersten beiden Fälle meines Erachtens zu den am ausführlichsten dokumentierten Ereignissen zählen, ziehe ich sie vor und gliedere die restlichen Fälle entsprechend ihrer Chronologie.

Der Fall John Irving Bentley

Zu den am häufigsten erwähnten Fällen, auf die man bei der Recherche im Internet und auch in Büchern stößt, gehört zweifellos der mysteriöse Tod des 92-jährigen Arztes im Ruhestand, John Irving Bentley aus Coudersport im US-amerikanischen Bundesstaat Pennsylvania. Seine zu Asche verbrannten Überreste wurden von einem städtischen Angestellten namens E. Gosnell gefunden, der mit dem Ablesen privater Gaszähler beauftragt war.

Als der Angestellte am 5. Dezember 1966 das offensichtlich unverschlossene Haus des Arztes betrat, begab er sich zunächst zum Gaszähler in den Keller, wo ihm ein Haufen Asche auf dem Boden auffiel und er dazu noch einen merkwürdigen Geruch wahrnahm. Als er zur Decke schaute, entdeckte er dort ein großes Loch, dessen Ränder rot glühten und durch das er ins darüber liegende Badezimmer blicken konnte. Im Badezimmer fand er schließlich, was von dem bedauernswerten Brandopfer übriggeblieben war: Eine metallene Gehhilfe sowie, was besonders gruselig erscheinen mag, einen Teil des Kopfes und eines Beins. Der Rest hatte sich in Asche verwandelt.

Irving war offenbar einem Feuer zum Opfer gefallen, das so heiß war, dass es ein Loch in den Boden brennen konnte. Aber warum war dann nicht das ganze Haus abgebrannt? Und warum zeigte die Farbe der in seiner unmittelbaren Nähe stehenden

Badewanne keine Brandspuren wie zum Beispiel Blasen, Ruß oder Schwärzungen?

Von dem Mann war nur ein Häufchen Asche zurückgeblieben ...

Auch seine Gehhilfe wies keinerlei Spuren eines Feuers auf. Viele glaubten, dass seine Pfeife eventuell das Feuer entfacht hätte, da er damit bereits mehrmals zuvor seine Kleidung in Brand setzte. Der Fall wurde nie geklärt, doch es gibt zahlreiche Theorien zu solchen Vorfällen, auf die wir noch zu sprechen kommen.

Hier werden wir bereits mit einem der Hauptmerkmale der spontanen Selbstverbrennung konfrontiert: Trotz eines offensichtlich extrem heißen Feuers, das erfahrungsgemäß alles in seiner Umgebung in Mitleidenschaft hätte ziehen müssen, blieben Teile des Körpers und Gegenstände in unmittelbarer Nähe des Opfers völlig unversehrt. Wie ist das möglich?

Bezeichnend für Vorkommnisse dieser Art ist die Tatsache, dass sich viele Wissenschaftler dazu genötigt sehen, auf geradezu zwanghafte Weise eine natürliche Erklärung herbeizureden: Was nicht sein kann, darf bekanntlich nicht sein. Natürlich sollte man, getreu der Methode „Ockhams Rasiermesser", zunächst einmal den wahrscheinlichsten Ursachen nachgehen. Doch wenn es diese nicht gibt?

Einer der Skeptiker, der nicht akzeptiert, dass es keine erklärbaren Ursachen gibt, ist Joe Nickell, ein Kunsthistoriker und wissenschaftlicher Berater für historische Fragen. Er hat auch den Fall Bentley untersucht und seine Ergebnisse unter dem Titel „Not-so-spontaneous human combustion" (Eine nicht [ganz] so spontane menschliche Verbrennung) veröffentlicht.

Die betreffende PDF-Datei kann unter dem Link: https://skepticalinquirer.org/1996/11/not-so-spontaneous-human-combustion/

in englischer Sprache eingesehen werden.

Der Fall Mary Reeser

Ein weiterer Fall, dem man sehr häufig begegnet, wenn es um das Thema „spontane Selbstverbrennung" geht, ist der Tod der 67-jährigen Witwe Mary Reeser, die am 2 Juli 1951 in ihrer Mietwohnung in St. Petersburg in Florida tot aufgefunden wurde, wobei der Ausdruck „tot aufgefunden" noch maßlos untertrieben ist, denn der Anblick, den ihre verbrannten Überreste boten, kann nur als grauenerregend bezeichnet werden. Als ihr Sohn und ihre Nachbarin Mrs. Carpenter der Dame gegen 21 Uhr am Abend zuvor eine gute Nacht wünschten, saß sie noch in ihrem Sessel und war bei bester Gesundheit.

Am darauf folgenden Morgen wurde Mrs. Carpenter gegen fünf Uhr durch einen Brandgeruch wach. Sie begab sich in die Garage, schaltete die dortige Wasserpumpe ab und legte sich wieder ins Bett, weil sie glaubte, dass eine Überhitzung derselben die Ursache für den Geruch gewesen sei.

Gegen acht Uhr klingelte ein Postbote mit einem Telegramm für Mrs. Reeser an der Haustür. Die Nachbarin nahm das Telegramm entgegen und klopfte an die Tür der Adressatin, um es ihr zu bringen. Da niemand reagierte, versuchte Mrs. Carpenter, die Tür selbst zu öffnen. Als sie den Türknauf anfasste, erschrak sie heftig, denn dieser war sehr heiß. Sie lief aus dem Haus, um die in der Nähe arbeitenden Angestellten einer Malerfirma um Hilfe zu bitten. Das Öffnen der Wohnungstür von Mrs. Reeser war nur mit Gewalt möglich. In dem hinter der Tür liegenden Raum herrschte eine ungeheure Hitze, und den erschrockenen Helfern bot sich ein unfassbares, gespenstisches Bild.

Statt der am Vorabend noch munteren Mrs. Reeser fanden die Augenzeugen jetzt nur noch einen Haufen verkohltes Material vor, das wie sich herausstellte, etwa 5 Kilo wog. Das Merkwürdige war jedoch, dass der linke Fuß der Getöteten noch völlig unversehrt geblieben war und sogar noch in einem Pantoffel steckte. Von den inneren Organen fand man nur noch ihre Leber, und ihr Schädel war, wenn man den Aussagen der Zeugen glauben darf, auf die Größe einer „Teetasse" geschrumpft. An der Fundstelle des verkohlten Materials befand sich ein Loch im Boden.

Doch nicht nur Mrs. Reeser selbst wurde zum Opfer einer vermutlich extrem starken Hitze: Auch in der Wohnung selbst waren große Schäden zu verzeichnen. Die Wände waren mit einer Art fettigem Ruß bedeckt, doch seltsamerweise erst ab einer

Höhe von knapp über einem Meter. Ein Spiegel im Raum war, offensichtlich ebenfalls durch die Hitze, zerbrochen, und mehrere Gegenstände aus Kunststoff (zu dieser Zeit muss es sich wohl um Bakelit gehandelt haben) waren geschmolzen.

In einem Bericht fand ich den Hinweis, dass dies auch mit einem Schalter im Badezimmer geschehen war. Zwei Kerzen auf eine Kommode hatten sich in eine Pfütze verwandelt. Seltsamerweise gab es unter der erwähnten Grenze von „vier Fuß", was etwa einem Meter zwanzig entspricht, keine größeren materiellen Schäden. Mrs. Reeser ist offensichtlich in ihrem Wohnzimmer verbrannt, doch die Hitzeeinwirkung erstreckte sich sogar bis ins Badezimmer. Ihre noch erhaltene Armbanduhr blieb um 4:20 Uhr am frühen Morgen stehen, also etwa 40 Minuten, bevor ihre Nachbarin einen Brandgeruch wahrnahm.

Um zu verdeutlichen, wie sehr die Berichte auf verschiedenen Webseiten voneinander abweichen, möchte ich im Folgenden einen anderen, wesentlich kürzeren Bericht erwähnen, der sich, was die Schäden anbetrifft, vom vorhergehenden ein wenig unterscheidet: In diesem Bericht waren es ein Handwerker und ein Hausmeister, die die Tür öffneten. Nur an der Decke war Ruß vorzufinden.

Mary Reeser war, bis auf einen Fuß mit Pantoffel, in dieser Version komplett zu Asche verbrannt. Von einem geschrumpften Kopf ist hier nicht die Rede. Zu den unversehrten Utensilien in ihrer Umgebung gesellen sich in diesem Bericht auch noch einige herumliegende Zeitungen. In einer dritten Version brannte beim Eintreten der Zeugen sogar noch eine hölzerne Vorhangstange im Zimmer und es wurde betont, dass kein Geruch nach verbranntem Fleisch festgestellt werden konnte.

Ob aus diesen Abweichungen jedoch bereits geschlossen werden darf, dass die komplette Story möglicherweise nicht ganz den Tatsachen entspricht, sei dahingestellt. Wer das Spiel „Stille Post" kennt, weiß, wie schnell sich Informationen verändern, wenn sie weitergeleitet werden. Zumindest ist belegt, dass der geschrumpfte Kopf des Opfers forensisch untersucht wurde. Mehr dazu weiter unten.

Der Fall Millet

Hier nun ein Fall, der sich in Frankreich zugetragen hat und der schon sehr lange zurück liegt. Auch dieser Fall ist dadurch gekennzeichnet, dass Objekte, die sich direkt neben der verbrannten Person befanden, unversehrt geblieben sind. Das Ganze ereignete sich in der Stadt Reims, die östlich von Paris in der berühmten Champagne liegt und durch ihre gotische Kathedrale bekannt ist.

In dieser Stadt lebte eine gewisse Nicole Millet, die am 20. Februar des Jahres 1725 verbrannt aufgefunden wurde. Es gibt verschiedene Versionen dieser Geschichte: Hier die Version, die angeblich nicht ganz den Tatsachen entspricht und aus einer Mischung verschiedener Schilderungen der Tat entstanden sein soll:

In dieser Version wies der Stuhl, auf dem das Opfer saß, keine Brandspuren auf. Der Ehemann, ein gewisser Jean Millet, war Wirt eines Gasthauses, das den Namen Lion d'Or (goldener Löwe) trug. Er wurde verhaftet, weil man annahm, dass er seine Gattin ermordet habe und die Tat durch das Legen von Feuer zu verschleiern versuchte, um endlich freie Bahn für seine junge, bei ihm angestellte Geliebte zu haben.

Das Interessante an dieser Version des Falles ist die Tatsache, dass der vermeintliche Täter dank der Hilfe eines Mediziners vom Vorwurf des Mordes freigesprochen wurde. Nicholas le Cat, so der Name des Experten, vermochte das Gericht angeblich davon zu überzeugen, dass es sich im vorliegenden Fall eindeutig um eine spontane Selbstverbrennung handele, so dass die Richter schließlich zu der Überzeugung gelangten, die „Heimsuchung Gottes" habe zum jähen Ableben der Dame geführt.

Es gibt jedoch noch eine frühere Version dieser Geschichte, die aus dem Jahre 1800 stammt. Aus dieser geht hervor, dass Monsieur le Cat zum Zeitpunkt der Gerichtsverhandlung noch gar kein berühmter Chirurg, sondern nur ein Medizinstudent war, der auch gar nicht vor Gericht auftrat, sondern lediglich in seinen Schriften über den Fall berichtete und niemals eigene Untersuchungen am Verbrennungsopfer durchführte.

Doch was ist genau vom Tathergang bekannt? In dieser Geschichte spielt, wie in vielen anderen dieser Art, Alkohol eine Rolle. Madame Millet war betrunken und begab sich zu Bett. Sie konnte jedoch nicht einschlafen und ging in die Küche, um sich ein wenig aufzuwärmen. Monsieur Millet schlief dagegen ein und wurde etwa um zwei Uhr am frühen Morgen durch einen aus der Küche kommenden Brandgeruch wach.

Neben einem Haufen Asche blieben von Madame Millet noch Teile von inneren Organen sowie ein Teil des Kopfes übrig. Obwohl auch der Boden unter ihr ebenfalls in Mitleidenschaft gezogen wurde, blieben einige Töpfe in ihrer unmittelbaren Umgebung unbeschädigt. Der Küchenherd befand sich etwa 150 cm Entfernung von der Leiche entfernt.

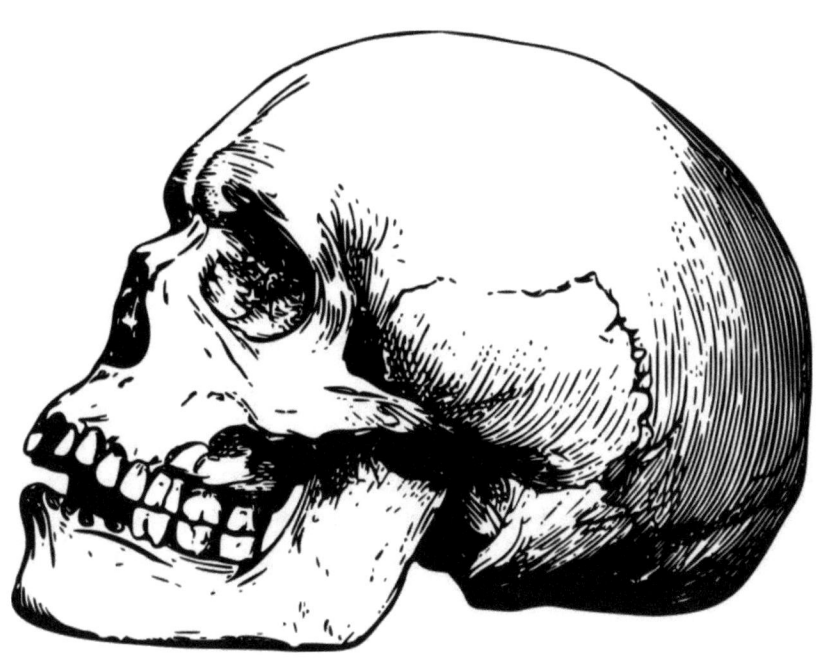

Madame Millets Kopf und ihre inneren Organe waren nur zum Teil vom Feuer verschont geblieben

Heute neigt man zu der Ansicht, dass zumindest ein Teil des Szenarios auf einer Studie eines gewissen Michael Harrison basiert (1976 „Feuer vom Himmel") und es keinen konkreten Hinweis auf die wirkliche Quelle der Geschichte gibt, so dass Harrison zumindest vorläufig als Erfinder einer Reihe der in der Story aufgeführten Details gilt (siehe auch Abschnitt: „Ein Literaturbeispiel" weiter unten).

Der Fall der Gräfin Cornelia di Bandi

Anfang April des Jahres 1731 fand eine Hausangestellte die verbrannte Leiche der Gräfin Cornelia di Bandi aus dem italienische Ort Cesena in ihrem Schlafzimmer. Die Bedienstete hatte die Gräfin am Abend zuvor zum letzten Mal gesehen, als sie sich mehrere Stunden mit ihr unterhielt und dann das Zimmer verließ. Am nächsten Morgen, als sie die Gräfin wecken wollte, wurde sie mit einem schrecklichen Anblick konfrontiert:

Von der Gräfin waren neben einem Haufen Asche nur noch drei Finger, zwei Unterschenkel (mit Strümpfen) und ein Teil des Schädels übrig, der sich jedoch, als wäre das Ganze nicht schon grauenvoll genug, auf dem Boden zwischen den Resten ihrer Beine befand. Die Asche der Getöteten wurde als fettig und übelriechend beschrieben.

In der Luft im Raum schwebten noch Rußteilchen, und das Bett der Gräfin, aus dem sie sich vor ihrem Tod noch erhoben haben musste, zeigte keinerlei Brandspuren. Von den beiden auf dem Tisch stehenden Kerzen blieben, wie im Falle Mary Reeser, nur noch die Dochte übrig. Die Möbel im Raum waren mit Ruß bedeckt, der auch durch die Ritzen des Kleiderschranks gedrungen war und sich bis zur Küche ausgebreitet hatte. Am Fenster wurde eine herabtropfende, schmierige, gelbliche Flüssigkeit gefunden, die einen unangenehmen Geruch ausströmte. Auch der Boden des Raumes war feucht und klebrig.

Anhand der späteren Untersuchungen wurde vermutet, dass die Gräfin auf dem Weg vom Bett zum Fenster wahrscheinlich von einem Blitz (ohne Donner) getroffen worden sei. Eine recht ungewöhnliche und unglaubwürdig erscheinende Erklärung, doch eine bessere Theorie konnte nicht gefunden werden.

Wurde die Gräfin tatsächlich vom Blitz erschlagen?

Ein Pfarrer aus Verona, Giuseppe Bianchini, hat den Fall untersucht und kam zu dem Ergebnis, dass die Gräfin ungeheuer schnell vom Feuer überrascht worden sein musste: Ihr Körper verbrannte nach seiner Ansicht in solch kurzer Zeit, dass der noch unversehrte Schädel freie Bahn hatte, zu Boden zu fallen.

Laut Binachini soll bei dem Brand auch Alkohol eine Rolle gespielt haben, denn die Gräfin behandelte ihre Haut aus gesundheitlichen Gründen mit auf Alkohol basierenden Mitteln und pflegte, einigen Quellen zufolge, sogar darin zu baden. Nach dem damaligen Kenntnisstand nahm man übrigens an, dass ein Mensch, der Alkohol trank, auch leichter ein Opfer der Flammen werden könne, was nach heutigem Wissensstand jedoch widerlegt ist.

Der Fall Grace Pett

Auch dieser Fall zählt zu den häufig dokumentierten, spontanen Verbrennungen, obwohl nicht sehr viele Details bekannt sind: Eine gewisse Grace Pett, Fischverkäuferin aus Ipswitch in England kam im Jahre 1744 in der Nacht des 9. April durch ein ungeklärtes Feuer ums Leben.

Die Dame muss in dieser Nacht wohl sehr viel Gin konsumiert und Pfeife geraucht haben, da sie aus dem Bett aufstand und die Treppe herabstieg, um allein in einer Stube die Rückkehr ihrer Tochter aus dem entfernten Gibraltar zu feiern. Jedenfalls entdeckte die Tochter am nächsten Morgen die verbrannte und offensichtlich noch brennende Leiche der Dame.

Der einem „mit feiner Asche übersätem Holzkohleblock" ähnelnde Oberkörper lag ausgestreckt auf dem im Raum befindlichen Herd, derweil ihre Beine den Boden berührten. Die Leiche brannte, so die Überlieferung, mit einem „glühenden Feuer ohne

Flamme", das von den herbeigerufenen Nachbarn mit Wasser gelöscht wurde. Was man sich genau unter solch einem Feuer vorzustellen hat, verschweigt der Bericht jedoch.

Wahrscheinlich handelte es sich um eine Art Schwelbrand, der einen dicken und unangenehmen Rauch verursachte. Die schockierten Helfer stellten zu ihrer Verwunderung fest, dass einige brennbare Utensilien (Kleidung und Wandschirm aus Papier) in unmittelbarer Nähe der Toten sowie der Holzboden unter ihren Beinen nicht durch das Feuer beschädigt wurden.

Ihre Körperfette waren jedoch in den Herd eingedrungen und hatten diesen derart verunreinigt, dass er nicht mehr benutzt werden konnte. Der Fall wurde als ungeklärt verbucht und auf eine „innere Ursache" zurückgeführt.

Der Fall Mademoiselle Thuars

Auch in diesem bereits sehr lange zurückliegenden Fall war wieder Alkohol im Spiel. Beim Ort des Geschehens handelte es sich um die französische Stadt Caen. Am Vorabend des 3. Juli 1783 (bei der Jahreszahl habe ich unterschiedliche Angaben gefunden) hatte die 60 Jahre alte Mademoiselle (im Deutschen „Fräulein", was früher so viel wie „unverheiratet" bedeutete) Thuars erhebliche Mengen Alkohol konsumiert.

Sieben Stunden später, nachdem sie zuvor von niemandem gesehen wurde, fand man ihre verbrannte Leiche auf dem Boden liegend in unmittelbarer Nähe des offenen Kamins. Von der Dame blieben lediglich ein paar Knochen und etwas Asche übrig. Ihre Füße waren beide noch erhalten, wobei der rechte Fuß sogar noch brannte.

Der direkt neben ihrer Leiche stehende Stuhl wies jedoch keine Anzeichen von Schäden durch Feuer auf. Auch alle restlichen

Möbelstücke und Gegenstände waren unversehrt, wobei in einem Bericht, den ich fand, noch von einem hölzernen Käfig (wahrscheinlich ein Vogelkäfig) die Rede ist, der als einziges Objekt im Raum noch Brandspuren aufwies.

Auf dem Kaminrost befanden sich drei in der Mitte leicht angekohlte und somit nicht verbrannte Holzscheite. Ein Experte für die in Krematorien eingesetzte Technik, Dr. Wilton Krogmann, untersuchte den Fall und musste feststellten, dass angesichts des Zustandes der extrem stark verbrannten Knochen mit zum Teil völliger Auflösung derselben eine Mindesttemperatur von 1500 Grad Celsius in der unmittelbaren Umgebung des Opfers geherrscht haben musste.

War das Kaminfeuer schuld am Tod der Frau?

Der Fall des Ehepaars Rooney

Bei diesem Fall sind gleich zwei Opfer zu beklagen: Matilda und Patrick Rooney, die von dem Hausangestellten John Larson und ihrem Sohn tot in ihrer Küche aufgefunden wurden.

Der Arzt Dr. Floyd Clendenin hat dazu im Jahre 1889 einen Bericht in einer Ausgabe der medizinischen Fachzeitschrift Therapeutic Gazette veröffentlicht. Das Ganze ereignete sich am 25. Dezember des Jahres 1885 in Seneca im US-Bundesstaat Illinois. Am Abend zuvor hatten sie gemeinsam mit Larson und ihrem Sohn gefeiert und dabei auch Alkohol zu sich genommen.

Als Larson am nächsten Morgen Rauch im Haus wahrnahm, alarmierte er zunächst die Nachbarn. Der Fall erinnert an denjenigen von John Irving Bentley: Die verbrannte Leiche von Mr. Rooney wurde im Schlafzimmer neben dem Bett auf dem Boden gefunden. Im Nebenraum, der Küche, befand sich ein zweieinhalb mal drei Meter großes Loch im Boden, durch das man den Hohlraum unter dem Haus und dazu noch einen Haufen Asche und einige Knochen erblicken konnte: Die Überreste von Mrs. Rooney.

Wie in vielen anderen dieser Fälle auch, waren in der unmittelbaren Umgebung keine Brandspuren festzustellen, und auch in diesem speziellen Fall waren Möbel und Wände des Hauses mit einer fettigen, rußigen und schmutzigen Substanz beschichtet.

Das Interessante an diesem Fall ist die Tatsache, dass die Untersuchungskommission selbst zu der Ansicht gelangte, dass es sich bei Mrs. Rooney um einen eindeutigen Fall spontaner Selbstverbrennung handelte, während ihr Mann durch die aus ihrem Körper austretenden, brennenden Dämpfe erstickt sei.

John Larson, den man ursprünglich des Mordes verdächtigte, wurde freigesprochen, nicht zuletzt aufgrund des seltsamen Zufalls, dass der Ruß einen Umriss seines Kopfes auf seinem Kissen hinterließ, was zeigte, dass er während des unheimlichen Vorgangs friedlich geschlafen hatte. Er überlebt das Unglück wahrscheinlich nur, weil sich sein Zimmer im zweiten Stock befand und er seine Tür verschlossen hielt. Dass er dennoch zwei Wochen später verstarb, führten die Ärzte auf die Spätfolgen einer bei diesem Ereignis erlittenen Rauchvergiftung zurück.

Der Fall Michael Faherty

Ein relativ „aktueller" Fall, der im Vergleich zu den oben geschilderten Vorgängen noch gar nicht so lange zurückliegt und sich im Jahre 2010 am 22. Dezember ereignete. Die von seinem Nachbarn Tom Mannion gegen drei Uhr morgens wegen einer Rauchentwicklung im Nachbarhaus herbeigerufene Feuerwehr konnte nur noch Fahertys verbrannte Leiche bergen, nachdem dieser drei Tage zuvor zum letzten Mal lebend gesehen wurde.

Fahertys Körper wurde durch das Feuer nach Aussagen des Verantwortlichen zur Aufklärung des Falles, Gerard O'Callaghan, weitgehend zerstört. Auch in diesem Falle konzentrierten sich die Verbrennungen, und dies macht auch den vorliegenden Fall so interessant, auf den Körper des Betroffenen.

Außer am Boden unter der Leiche und an der Decke darüber gab es keinerlei Brandspuren, sondern nur Rauchschäden. Die Leiche wurde in der Nähe des Kamins aufgefunden, doch sowohl eine Streichholzschachtel auf dem Kaminsims als auch ein Handy und ein Rasiermesser im selben Raum blieben unbeschädigt.

Aufgrund polizeilicher Untersuchungen gilt es als gesichert, dass offenbar seit dem Zeitpunkt, als das Opfer zum letzten Mal gesehen wurde, niemand das Haus betreten oder verlassen hatte und es keine Beweise für einen Mord gibt.

Obwohl die Leiche am Kamin gefunden wurde, konnte durch kriminaltechnische Untersuchungen nachgewiesen werden, dass das Feuer, das zur Verbrennung des Opfers führte, nicht vom Kamin stammen konnte. Auch in diesem Fall gab es keine Spuren von irgendwelchen Chemikalien, die zu einer Brandbeschleunigung hätten führen können.

Da der Körper entgegen einigen Zeitungsberichten offensichtlich nicht vollständig verbrannt war, kam eine Pathologin namens Grace Gallagy nach eingehenden Untersuchungen am zum Teil noch unversehrten Oberkörper und Kopf zu der Erkenntnis, dass das Opfer typische Zeichen eines Herzinfarktes aufwies.

Auch hier gab es, wie beim nächsten Fall, keinen Ruß in der Luftröhre, so dass man daraus schließen kann, dass Faherty bereits vor seiner Verbrennung tot war. Eine genaue Todesursache konnte jedoch nie ermittelt werden. Das abschließende Statement des Leichenbeschauers Dr. Ciaran McLoughlin aus West-Galway lautete daher: „Dieser Vorfall wurde gründlich untersucht, und ich bin der Meinung, dass er in den Bereich der spontanen menschlichen Selbstverbrennung fällt, für die es keine rationale Erklärung gibt."

Der Fall Danny Vanzandt

Ein Fall, der einige Parallelen zu dem zuvor geschilderten Fall Michael Faherty aufweist. Es geschah am 8. Februar 2013. Der Name des 65-jährigen Opfers ist Danny Vanzandt. Ort des Geschehens: Tulsa, Oklahoma, USA. Es wird berichtet, dass einige seiner Nachbarn Rauch aus dem Haus von Danny entweichen sahen.

Die herbeigerufene Feuerwehr konnte in der Küche jedoch leider nur noch die verbrannten Überreste des bedauernswerten Mr. Vanzandt vorfinden. Auch in diesem Fall war der Boden unter der Leiche unbeschädigt, und es gab, wie ebenfalls in einigen anderen Fällen, keinerlei Brandspuren an den sich im Zimmer befindlichen Gegenständen bzw. Möbeln.

Starb Danny Vanzandt, weil die Zigarette seine Kleidung in Brand gesteckt hatte?

Auch Spuren eines Verbrechens wie Brandbeschleuniger oder ein Kampf waren nicht zu verzeichnen, jedenfalls nicht nach Auskunft des Sheriffs von Sequoyah County, Ron Lockhart, einem erfahrenen Ermittler in Sachen Brandstiftung. Angesichts der merkwürdigen und für ihn bisher nie gesehenen Umstände war Lockhart ziemlich ratlos, was die Brandursache betraf und schloss das Phänomen der spontanen Verbrennung nicht aus.

Da es diese offiziell nicht gibt, lautete die nach einer Autopsie verkündete, offizielle Version der Todesursache wie folgt: Tod vor Ausbruch des Feuers (vermutlich) durch Herzinfarkt, dem auch hier, wie so oft, ein starker Alkoholkonsum voraus ging. Danny fiel dabei auf seine brennende Zigarette, wobei seine Kleidung Feuer fing.

Der in einem der folgenden Abschnitte beschriebene Dochteffekt führte dann zu weiteren Verbrennungen. Diese Hypothese wurde durch die Tatsache, dass man keinen Ruß in der Lunge, und keine entsprechenden Stoffe im Blut des Opfers fand, untermauert.

Der Fall John Nolan

Dieser Fall ist der bisher Jüngste in der Geschichte der spontanen Selbstverbrennung. Er wurde am 15. Dezember 2017 auf der Internetseite der englischen Zeitung Daily Mail veröffentlicht:

John Nolan, ein 70-jähriger, in London lebender Mann aus Irland, ging mitten auf der Straße in Flammen auf und starb später im Krankenhaus! Auch in diesem Fall war jedoch niemand zugegen, der den Vorfall hätte beobachten können.

Der bis zur Unkenntlichkeit verbrannte Mann überlebte das Feuer zunächst und wurde in das Krankenhaus von Broomsfield in Chelmsford in Essex gebracht und dort von einem Spezialisten behandelt. Sein Zustand war jedoch so aussichtslos, dass die Ärzte am Tag darauf beschlossen, die lebenserhaltenden Maßnahmen zu beenden.

Der Vorgang konnte mangels Augenzeugen nicht geklärt werden, aber es lässt sich mit Sicherheit sagen, dass der Mann bei einem Spaziergang in der Nähe seiner Wohnung gegen 13 Uhr plötzlich zu brennen begann. Wer die Polizei und den Rettungsdienst alarmierte, geht aus den Berichten offenbar nicht hervor.

Das Opfer überlebte zunächst mit schweren Verbrennungen ...

Es ist nur so viel bekannt, dass keine Zeugen anwesend waren, als das Feuer spontan an seinem Körper ausbrach. Das Feuer musste wohl noch gebrannt haben, als die Rettungskräfte herbeieilten, denn es wird berichtet, dass diese den Brand gelöscht haben. So konnte deshalb auch nicht geklärt werden, ob der Brand nicht vielleicht auch durch den Angriff einer fremden Person erfolgte, oder ob das Feuer ausbrach, als das Opfer versuchte, sich mit dem Feuerzeug eine Zigarette anzuzünden und die Kleidung dabei Feuer fing.

Leider blieben auch die Sichtung von Video-Aufzeichnungen benachbarter Überwachungsanlagen sowie die Befragung der Anwohner ohne Erfolg, so dass die Polizei schließlich einen öffentlichen Aufruf startete, der jedoch ebenfalls zu keinem Ergebnis führte und lediglich bewirkte, dass einige Sensationsmedien die Nachricht aufgriffen und zwecks Steigerung der Auflagen zu einer Story aufbauschten, die nicht mehr den Tatsachen entsprach, da in diesen Version der Mann vor den Augen entsetzter Passanten (die es, wie gesagt, nicht gab) in Flammen aufging.

Dies zeigt deutlich, dass gerade der von unseriösen Journalisten praktizierte, verantwortungslose Umgang mit Fakten dazu führen kann, solche unerklärlichen Fälle in Misskredit zu bringen, was natürlich wiederum viele Skeptiker in ihrer Ansicht bestätigt, dass es sich bei all diesen Geschichten letztlich nur um Lug und Trug handelt.

Vier Fälle mit Zeugen

Bei den folgenden, personenbezogenen Beispielen handelt es sich um ganz besondere Ereignisse, denn sie gehören zu den seltenen Fällen, in denen bei der spontanen Verbrennung eines Menschen Zeugen zugegen waren, die bestätigten, dass das Feuer ohne ersichtlichen Grund plötzlich am Körper der Opfer ausbrach.

Jaqueline Fitzsimon

Das Unglück ereignete sich im Jahre 1985 am Halton College in Widnes (Cheshire, England). Die Studentin Jaqueline Fitzsimon fing beim Verlassen des Campus plötzlich Feuer. Obwohl ihre Begleiter sofort das Feuer zu löschen begannen, erlag die junge Frau kurze Zeit später in einem Krankenhaus ihren Verbrennungen.

Die Vermutung, Jaqueline könne sich, da sie kurz vorher einen Kochkurs besuchte, an einer der Herdplatten entzündet und den schwelenden Brand ins Freie getragen haben, wurde nicht bestätigt, da die Herde bereits eine Stunde vorher ausgeschaltet wurden.

Ich muss zugeben, dass es mir außerdem auch extrem unwahrscheinlich erscheint, einen schwelenden Brand an der eigenen Kleidung nicht aufgrund der daraus resultierenden Hitze und des Brandgeruchs sofort zu bemerken und darauf zu reagieren.

Auch spätere Labortests, bei denen versucht wurde, die Jacke der Studentin in Brand zu setzen, erbrachten kein konkretes Resultat: Es gelang nicht. Da die Begleiter der jungen Frau jedoch bestätigten, mit eigenen Augen gesehen zu haben, wie diese quasi aus dem Nichts zu brennen begann, ist, unter der Voraussetzung, dass diese Aussagen der Wahrheit entsprechen, das

Phänomen der spontanen Selbstverbrennung durchaus ernst zu nehmen.

In einem Buch des Autors Viktor Farkas, in dem dieser Fall ebenfalls beschrieben wird (Rätselhafte Wirklichkeiten), wird berichtet, dass ein „seltsames Licht" über der rechten Schulter des Opfers erschien, das sich auf sie herabsenkte und offensichtlich den Brand auslöste.

Phyllis Newcombe

Dass ein spontan und ohne Grund ausbrechendes Feuer durchaus möglich ist, wird auch durch einen weiteren sich unter Zeugen abspielenden Fall bekräftigt, der sich 1938 ereignete und den ich kurz erwähnen möchte:

Das Kleid der jungen Phyllis Newcombe fing beim Verlassen eines Tanzsaals Feuer. Die Dame erlitt schwere Verbrennungen und wurde sofort in ein Krankenhaus gebracht. Dort verstarb sie jedoch später aufgrund einer Wundinfektion. Es konnte nachgewiesen werden, dass das Feuer nicht durch eine, wie zuerst angenommen, brennende Zigarette ausgelöst - und der Fall schließlich als nicht geklärt abgeschlossen wurde

Maybell Andrews

Diesen Fall habe ich in einem Buch des Autors Nigel Blundell gefunden. Es trägt den Titel „Die größten Geheimnisse unserer Welt" und berichtet unter anderem davon, dass die besagte junge Frau, eine Sekretärin im England der dreißiger Jahre, mit ihrem Freund William Clifford in einem Club in London zum Tanzen ausging.

Plötzlich sollen angeblich Flammen aus ihrer Brust „hervorgebrochen" sein, wie Clifford zu Protokoll gab. Alle Versuche, die

Flammen zu ersticken, schlugen fehl und die Frau verstarb. Ein Fall, der sehr stark an denjenigen von Phyllis Newcombe erinnert, denn auch dieser ereignete sich in der Nähe eines Tanzsaals.

Mary Carpenter

Auch dieser Fall wird im Buch von Nigel Blundell kurz beschrieben und ist leider nicht sehr ausführlich dokumentiert. Die Dame machte auf einem See in Norfolk, England, eine Bootspartie mit ihrem Mann und ihren Kindern. Ihre Familie musste tragischerweise mit ansehen, wie Mary auf dem Bot vor den Augen der entsetzen Begleiter ohne Grund in Flammen aufging und zu Asche verbrannte.

In den vier oben beschriebenen Fällen treffen die Erklärungen von durch Alkohol in ihrem Bewusstsein getrübten Personen, die ihre Kleidung durch Zigaretten in Brand setzten, nicht zu, so dass sie meines Erachtens ein Indiz für eine nicht erklärbare Ursache der Selbstentzündung darstellen.

Der Fall Canneto di Caronia

Eigentlich muss es heißen: Die Fälle von Canneto die Caronia, denn was sich in diesem sizilianischen Küstendorf kurz nach der Jahrtausendwende (2004) ereignete und zumindest bis nachweislich 2014 noch andauerte, umfasst eine ganze Reihe verschiedener Ereignisse und stellt alles bisher Geschilderte in den Schatten, obwohl bisher zum Glück niemand dabei ums Leben kam.

Die dort spontan ausbrechenden Brände betrafen fast nur Einrichtungsgegenstände wie Möbelstücke und Elektrogeräte, wobei es zum Beispiel vorkam, dass ein Sessel ohne Grund zu brennen begann, nachdem sich sein Eigentümer gemütlich darauf niederließ. Sogar Schuhe und Kleidungsstücke fingen Feuer, als ihre Besitzer damit gerade die Straße überquerten.

Einmal wurde sogar beobachtet, dass ein Kabel zu glühen begann, obwohl seine beiden Enden frei lagen und nicht an irgendeine Stromquelle angeschlossen waren. **Kabelbrände** gehörten übrigens zu den am meisten registrierten Vorfällen im Rahmen der Geschehnisse.

Es wurde beobachtet, dass auch Sprungfedern von Matratzen plötzlich zu glühen begannen und die dazugehörigen Betten, Sessel und Sofas in Brand setzten, was übrigens ein Indiz für starke elektromagnetische Felder sein könnte, wobei die Sprungfedern wie eine Induktionsspule wirken könnten.

Elektrisch betriebene Haushaltsgeräte fingen spontan Feuer, und zwar auch, nachdem sie aus den Häusern auf die Straße getragen wurden und nicht mehr an ihrer Steckdose angeschlossen waren. Auch nach Abschaltung des Stroms setzten sich die Brände fort.

Beispiel: Defekter Netzstecker, verursacht durch verzinnte Litze,
© HansPL, Bildquelle: Wikipedia, gemeinfrei

Es ist nicht verwunderlich, dass diese insgesamt etwa 400 verschiedenen Vorfälle in den Medien hierzulande kaum Beachtung fanden, denn was hätte man den erstaunten Fernsehzuschauern über die Ursache der Brände mitteilen sollen? Es wurde bis heute keine Ursache gefunden, und das passt nicht in unsere aufgeklärte, moderne Welt.

Die seltsamen Ereignisse wurden innerhalb Italiens dagegen mit Aufmerksamkeit verfolgt, und so kam es, dass die Regierung, nachdem der Ort vorübergehend evakuiert wurde, ein Team renommierter Physiker (mit Unterstützung der NASA) nach Canneto entsandte. Als dieses jedoch mangels konkreter Erkenntnisse unverrichteter Dinge wieder abreisen musste, beschlossen die Verantwortlichen in ihrer Ratlosigkeit, sogar eine Gruppe erfahrener Exorzisten aus Rom nach Sizilien zu entsenden.

Natürlich war auch dieses Unterfangen nicht von Erfolg gekrönt, so dass ab dem Jahre 2014 schließlich Gerüchte und allerlei Verschwörungstheorien über Brandstiftungen die Runde machten. Doch wie soll ein spontan in Flammen aufgehendes Sofa durch Brandstiftung seitens Dritter erklärt werden, wenn sich der Besitzer allein im Raum befand, als es passierte?

Auch von einer starken elektromagnetischen Strahlung in einem Frequenzbereich von 300 MHz ist im Zusammenhang mit den Untersuchungen der Physiker die Rede, was speziell im Hinblick auf die bereits erwähnten Sprungfedern einen Sinn ergäbe. Doch nähere Hinweise gibt es nicht, und damit auch nicht über die vermutete Ursache dieser Strahlung.

Die Untersuchungen erstreckten sich auch auf alle Stromleitungen in der Umgebung sowie die Stromversorgung der durch den Ort fahrenden Eisenbahn, doch auch diese lieferten keine Erkenntnisse. Auch eine geologische Untersuchung des Untergrundes brachte die Forscher nicht weiter, so dass man schließlich zu dem offiziellen Ergebnis kam, dass hier unbekannte Kräfte am Werk seien.

Man findet heute in den Medien nur noch wenige Berichte über die aktuellen Entwicklungen in diesem Dorf, außer, dass die Brände Mitte des Jahres 2004 aufhörten und sich im Jahre 2014 wieder fortsetzten. Ob diese neuen Vorfälle jedoch wirklich alle nur, wie man lesen kann, auf eine angebliche Brandstiftung zurückzuführen sind, ist fraglich.

Ein Täter wurde jedenfalls in diesem Zusammenhang verhaftet. Wie auch immer: Die spontane Selbstverbrennung und die Fälle von Canneto haben eines gemeinsam: Plötzlich aus dem Nichts und ohne sichtbare Ursache entstehende Brände, für die es in Canneto sogar eine ganze Reihe von Augenzeugen gab.

Die häufigen Sichtungen unbekannter Flugobjekte in Form kleiner, rot leuchtender Bälle in der betreffenden Gegend, nährten in der Bevölkerung das Gerücht, dass ein Zusammenhang zwischen UFOs und den Bränden bestehen könnte. Dies scheint gar nicht so abwegig zu sein, wie es zunächst klingen mag.

Auch aus anderen Teilen der Welt, zum Beispiel im Nordosten Indiens, stammen Augenzeugenberichte über kleine, fliegende, rote Lichtkugeln, die bei Berührung mit Menschen schmerzhafte Verletzungen hinterlassen.

Der Autor **Illobrand von Ludwiger** beschreibt in seinem Buch „Feurige Zeichen" ebenfalls sehr ausführlich verschiedene, weltweite Vorfälle, in welchen solche und ähnliche Objekte mit Bränden in Verbindung gebracht werden. Könnte es nicht sogar sein, dass in einigen Fällen der spontanen Selbstverbrennung Menschen von solchen energiereichen Kugeln berührt und verbrannt wurden?

Illobrand von Ludwiger Autor, Physiker und Systemanalytiker in der Luft- und Raumfahrtindustrie.

Übersinnliche Phänomene oder nur tragische Unfälle?

Mit diesem letzten Beispiel möchte ich die detaillierte Aufzählung der Fälle abschließen und mich der Frage zuwenden, warum diese von Vielen als übersinnlich oder unerklärlich eingestuft werden. Dazu ist es sinnvoll, zunächst einmal einen Blick auf die gemeinsamen Merkmale zu werfen.

Eine statistische Auswertung der bekanntesten Fälle hat ergeben, dass es sich bei 80 Prozent der Opfer um Frauen handelt, die zumeist übergewichtig waren und vor ihrem Tod überdurchschnittlich viel Alkohol konsumierten.

Das Alter der Betroffenen taucht zwar nicht in der Statistik, die ich fand, auf, aber beim Zusammentragen der oben aufgelisteten Fälle fiel mir auf, dass viele der Verbrannten bereits ein relativ hohes Alter aufwiesen und allein und unbeobachtet waren, als sie von ihrem grausigen Schicksal ereilt wurden.

All diese Erkenntnisse besagen jedoch noch nicht viel. Wesentlich interessanter sind nach meiner Meinung die Fakten, die den herbeieilenden Rettern auffielen:

Die Körper waren, wie bereits beschrieben, meist vollständig verbrannt, obwohl die unmittelbare Umgebung und zum Teil auch die Kleidung in zahlreichen Fällen fast keine Brandspuren zeigte.

Manche Körperteile wie Beine oder Füße waren noch erhalten, obwohl ein paar Zentimeter weiter aufwärts Gewebe und Knochen zu Asche verbrannt waren. Die Wände der Räume und die Umgebung der Opfer waren in vielen Fällen mit einem gelblichen, übelriechenden Öl beschmiert.

Es verwundert natürlich nicht, dass solch unglaubliche Geschehnisse sehr schnell auch Wissenschaftler auf den Plan rufen, die versuchen, den jeweiligen Fall auf natürlich Weise zu erklären. So gibt es zu vielen der oben geschilderten Fälle auch Expertisen, die uns versichern, dass sich diese Vorgänge, auch wenn sie für die Betroffenen auch noch so schlimm sein mögen, mit rechten Dingen zugetragen haben und nichts Übersinnliches im Spiel war.

Die Argumente der Skeptiker

Auch bei einer spontanen Selbstverbrennung werden die Opfer, wie es bei einem nicht natürlichen Tod stets der Fall ist, forensisch untersucht, wobei die Experten in den meisten Fällen aufgrund ihrer Untersuchungen zu völlig erklärbaren Ergebnissen gelangten, denen überhaupt nichts Übersinnliches anhaftete. Ob dies auch wirklich zutrifft oder ob diese Ergebnisse lediglich nach der bereits oben erwähnten Devise: „Was nicht sein darf, kann nicht sein" zurechtgebogen wurden, sei dahingestellt.

Hier eine kurze Auflistung der bekanntesten und bereits geschilderten Fälle und ihrer offiziellen Erklärungen:

Irving Bentley

Mark Benecke, ein bekannter forensischer Biologe, untersuchte den Fall Irving Bentley (siehe oben) und kam zu folgender Erkenntnis:

Bei den Opfern der Selbstverbrennung handelt es sich meist um kranke oder unter Alkoholeinfluss stehende Menschen, die aufgrund ihres Zustands nicht in der Lage sind, einen Brand schnell genug zu löschen.

Wenn das Feuer eine Weile andauert, verflüssigt sich das Gewebe unter der Haut, entweicht in die Kleidung und durchtränkt diese, so dass der Körper wie eine Art Fackel nun vollständig verbrennt. Da die durchtränkte Kleidung wie ein Docht wirkt, wird dieser Vorgang auch oft als Docht-Effekt bezeichnet (siehe unten). Dass in vielen Fällen die Beine übrigbleiben, liegt daran, dass die Hitze einer Flamme stets nach oben gerichtet ist.

Grace Pett

Der bereits erwähnte Autor Joe Nickell schreibt in seinem Buch „Secrets of the Supernatural", dass die stark alkoholisierte Grace Pett beim Versuch, eine Pfeife zu rauchen, sich selbst angezündet habe, wobei zunächst ihre Kleidung in Brand geriet und sich auch in diesem Falle ein Dochteffekt eingestellt habe.

Mary Reeser

Ganz anders sieht es im Fall Mary Reeser aus. Beim Versuch der Aufklärung der Brandursache war sogar das FBI involviert. Nach einer Analyse der Schäden stellte man damals fest, dass bei dem betreffenden Feuer eine Temperatur von mindestens 2500 Grad geherrscht haben musste.

Eine erst nach dem Ausbruch des Feuers geschmolzene Steckdose konnte daher, wie man zunächst vermutete, nicht die Quelle des Feuers sein. Auch eine Suche nach Brandbeschleunigern blieb erfolglos, so dass man sich am Ende der Untersuchungen eingestehen musste, dass es keine Erklärung gab und für die Medien die Version von der brennenden Zigarette erfunden wurde, die für den Tod von Mary Reeser verantwortlich gewesen sei.

Da die Gerichtsmedizin seit diesem Fall, der sich im Jahre 1951 ereignete, große Fortschritte gemacht hat, glauben viele Experten, den Tod von Mrs. Reeser heute erklären zu können. Zur damaligen Zeit konnte man nicht verstehen, dass auch der

Torso von Mrs. Reeser völlig zu Asche verbrannt war, denn bei den meisten Brandopfern ist dieser noch erkennbar, weil der eine größere Masse besitzt und daher nicht so schnell verbrennt.

Mittlerweile haben Untersuchungen aus Krematorien gezeigt, dass menschliches Gewebe nicht nur durch direktes Feuer, sondern auch durch einen Schwelbrand zerstört werden kann, und zwar wesentlich intensiver, als dies bei einem normalen Feuer dar Fall ist.

Die Hitze eines Schwelbrandes ist so groß, dass ein menschlicher Körper dabei bis zur Unkenntlichkeit in Asche verwandelt werden kann. Solche Schwelbrände können durch den bereits erwähnten Dochteffekt (Körperfett durchtränkt Kleidung) verursacht werden.

Bis der Körper bei solch einem Schwelbrand jedoch vollständig zu Asche verbrennt, dauert es recht lange, so dass dies nur unter einer Voraussetzung der Fall sein kann: Der Betroffene muss bereits schon zu einem sehr frühen Zeitpunkt tot, bewusstlos oder in seinem Bewusstsein getrübt gewesen sein.

Da Mrs. Reeser noch unter den Augen ihres Sohnes Schlaftabletten einnahm, wäre dies eine plausible Erklärung für die unheilvolle Kette folgender Ereignisse:

Alkohol- und Tabletten- oder Tabakkonsum -> Eintreten von Bewusstlosigkeit -> Zigarette setzt Kleidung in Brand -> Körperfett durchtränkt Kleidung -> Entstehung eines Schwelbrandes (Dochteffekt) -> Körper nach einigen Stunden komplett zu Asche verbrannt.

Soweit, so gut, könnte man sagen und den Fall damit zu den Akten legen, doch es gibt ein Merkmal, das die gesamte Theorie wieder ins Wanken bringt: Der auf die „Größe einer Teetasse" geschrumpfte Schädel von Mrs. Reeser (laut Untersuchung von Ed Silk, Gerichtsmediziner).

Schädel können durch keine in dieser Welt bekannte Ursache zum Schrumpfen gebracht werden. Bei Hitze dehnen sie sich höchstens aus und können dann sogar „explodieren". Auch die legendären **Schrumpfköpfe** enthalten keine Schädel, sondern nur deren Umhüllung (Muskeln und Haut).

Es gibt daher bis heute keine Erklärung für das Schrumpfen von Mrs. Reesers Schädel, was einige Forscher veranlasste, das Ereignis auf paranormale Vorgänge zurückzuführen und andere wiederum umso mehr ansporten, das Unerklärliche „weg zu erklären". Einer dieser Versuche, das Schrumpfen auf natürliche Weise zu erklären, bestand darin, dass behauptet wurde, es handele sich gar nicht um den Schädel, sondern um einen verkohlten Nackenmuskelknoten.

Ed Silk wurde mit dieser Theorie automatisch Inkompetenz unterstellt, da er damit nicht in der Lage gewesen wäre, einen verkohlten Muskel von einem Schädel zu unterscheiden. Schwer vorstellbar.

Außer Ed Silk hat allerdings niemand den Schädel untersucht, so dass wir auf kein alternatives Gutachten zurückgreifen können. Da die Überreste von Mrs. Reeser unmittelbar nach Ed Silks Untersuchung beerdigt wurden und bis heute keine Erlaubnis zu einer Exhumierung vorliegt, wird die Frage nach der Echtheit des vermeintlichen Schädels wohl weiter ein Geheimnis bleiben.

Seit dem Fall Reeser sind die Ermittler etwas vorsichtiger mit der vorzeitigen Bekanntgabe ihrer Ergebnisse geworden. Das offensichtliche Eingeständnis der damaligen Ermittler, vor einem ungelösten Rätsel zu stehen, wurde jedoch in den Zeitungen in aller Welt abgedruckt. Dies führte dazu, dass das Interesse an diesem Thema zunahm, Fälle dieser Art von den Medien wieder aufgegriffen wurden und die Anhänger des Übersinnlichen Auftrieb erhielten.

Beispiel für die legendären Schrumpfköpfe, die allerdings keine Knochen enthalten

Gräfin di Brandi

Laut des bereits bei der Beschreibung des Falles erwähnten Pfarrers Bianchini wurde bei den Versuchen zur genaueren Klärung des Falles eine wichtige Tatsache unterschlagen: Eine am Ort des Geschehens gefundene **Öllampe**, die mit Asche bedeckt war, lässt vermuten, dass die Gräfin aufgrund einer plötzlich einsetzenden Schwäche oder Bewusstlosigkeit über der Lampe zusammengebrochen war, sie mit ihrem Körper bedeckte und somit ein durch den Dochteffekt verursachter Schwelbrand entstand.

Leider hat Bianchini jedoch niemals die genaue Position der betreffenden Öllampe angegeben. Bleibt zusätzlich noch die Frage, wie der vom Rumpf getrennte Schädel auf den Boden zwischen ihren vom Feuer verschonten Beine gelangte, eine Frage, die mit den bisherigen Erkenntnissen nicht zu beantworten ist.

Hat eine Öllampe den Tod der Gräfin verursacht?

Michael Faherty

Das Interessante an diesem Fall ist, dass ein professioneller Gerichtsmediziner (Dr. Ciaran McLoughlin) im Jahre 2011 zu der offiziellen Ansicht gelangte, dass es sich um ein übernatürliches Ereignis handeln müsse. Doch ist dies wirklich der Fall? Wie kommt er zu dieser Meinung?

Das Ganze ist umso widersprüchlicher, als dass Dr. McLoughlin als Quelle für seine Erkenntnisse ausgerechnet ein Werk des Pathologen Bernhard Knight nannte: Knight's Forensic Pathology. Dies ist ein offizielles, jährlich neu erscheinendes Nachschlagewerk über die Untersuchung von Leichen zur Feststellung der Todesursachen.

In einer seiner Ausgaben schreibt Knight zwar: „Es scheint auf den ersten Blick unerklärlich, dass ein menschlicher Körper einschließlich Knochen völlig verbrennt, ohne dass dabei die Umgebung in Mitleidenschaft gezogen wird", verweist dann jedoch andererseits wiederum auf die Tatsache, dass es viele solcher Fälle gibt, aus denen dann schließlich nicht zuletzt auch aus reiner Sensationsgier seitens der Medien heraus der Mythos der spontanen Selbstverbrennung resultierte und erinnert an Experimente, die letztendlich die Grundlage zur Dochteffekt-Theorie bildeten.

Hinzu kommt nach Ansicht von Knight, der damit eher zu einer nüchternen und skeptischen Betrachtung der Fälle neigt, noch die Tatsache, dass die zumeist in der Nähe der Opfer befindlichen Kamine für ausreichend Zugluft zur Anfeuerung der Brände sorgten.

Der Mythos der spontanen Selbstverbrennung ist nach Knight nicht zuletzt auch auf einen Roman von **Charles Dickens** zurück zu führen („Bleak House"), in welchem solch ein Fall eine zentrale Rolle spielt. Nach all diesen Ausführungen kehren wir wieder zu McLoughlin zurück und fragen uns erneut, warum er als Vertreter einer übersinnlichen Ursache ausgerechnet auf diesen rational erscheinenden Autor verweist.

*Autor Charles Dickens (1812-1870),
Foto um 1867, Heritage Auction Gallery*

Physikalische, chemische und andere Ursachen

Dass man im Falle der spontanen Selbstverbrennung so lange Zeit eine natürliche Ursache verwarf und an ein unerklärliches Phänomen glaubte, hat nicht zuletzt auch etwas mit der historischen Erfahrung des Menschen im Zusammenhang mit Feuer zu tun: Auch heute noch wird Feuer häufig mit Holz in Verbindung gebracht (Kamin), und noch bis vor einigen hundert Jahren wurden Menschen gezielt durch ein Holzfeuer verbrannt.

Aus der mittelalterlichen Hexenverbrennung war bereits bekannt, dass man eine extrem große Menge an Holz benötigte, um einen Menschen zu Asche zu verbrennen – angeblich sogar mehrere Wagenladungen. Dass Menschen in ihren Wohnungen aber plötzlich zu Asche verbrannt aufgefunden wurden, ohne dass dabei eine größere Menge Holz im Spiel war, stellte die Ermittler zunächst vor ein großes Rätsel und ließ es naheliegend erscheinen, dass hier bisher unbekannte Kräfte im Spiel waren.

Untersuchungen zur Hitzeeinwirkung

Nach dem deutschen Rechtsmediziner Burkhard Madea sind solch hohe Temperaturen von 1500 Grad Celsius gar nicht erforderlich, um einen Menschen vollständig zu verbrennen. Erwachsene Menschen sollen nach seinen Angaben bereits bei Temperaturen zwischen 800 und 1000 Grad innerhalb einer Stunde zu einer „krümeligen Substanz" verbrennen, wobei die Gewichtsangaben der Reste zwischen einem und etwa zwei Kilo variieren.

Anderen Quellen zufolge sollen sogar bereits Temperaturen von 680 Grad genügen, um dieses Ergebnis zu erzielen. Es ist in der Forensik davon abgesehen kein Fall bekannt, in welchem die inneren Organe eines Brandopfers stärker beschädigt sind als die weiter außen liegenden Bereiche des Körpers. Eine Tatsache, die gegen die Vermutung spricht, dass sich das Feuer bei der spontanen Selbstverbrennung von innen nach außen ausbreitet.

Ein Literaturbeispiel

Das erste Buch, das ausschließlich der spontanen menschlichen Verbrennung gewidmet war, wurde erst relativ spät im Jahre 1976 von Michael Harrison veröffentlicht, der bereits im Zusammenhang mit dem Fall Millet erwähnt wurde („Fire From Heaven"). Das Buch wurde schon bald zum Standard-Nachschlagewerk und gab einigen der ursprünglichen Fälle eine völlig neue Wendung.

Harrisons Ideen schienen einen nicht zu unterschätzenden Einfluss gehabt zu haben. Nach seinem Buch, das die Dämme für alle bisher zurückgehaltenen, phantasievollen Erklärungen offensichtlich zum Bersten brachte, war plötzlich keine noch so abstruse Theorie zur Erklärung der seltsamen Verbrennung zu abwegig, um nicht diskutiert zu werden.

Unter anderem kursierten Theorien von Kurzschlüssen in elektrischen Feldern, die im menschlichen Körper existieren, so dass eine Art „atomare Kettenreaktion enorme innere Hitze erzeugen könnte". Auch von „geomagnetischen Fluktuationen" war die Rede, oder von der Tatsache, dass sich, nach der Theorie eines anderen Autors, eine explosive Kombination von Chemikalien im Verdauungssystem bilden kann, die durch falsche Ernährung begünstigt wird.

Diese Hypothese sollte die Erklärung dafür liefern, warum aus dem asiatischen Raum keine Berichte über das Phänomen der spontanen Selbstverbrennung vorliegen, da dort vorwiegend Fisch und Reis als Ernährungsgrundlage gelten. Wer sich auch nur ein wenig mit Naturwissenschaft auskennt, ahnt, dass es sich bei diesen Erklärungsmodellen um haarsträubenden Unsinn handelt. Dass es auch Berichte über spontane Verbrennungen aus Asien gab, wusste der betreffende Autor anscheinend gar nicht. Eine kleine Auswahl weiterer Theorien, von denen mir einige jedoch durchaus plausibel erscheinen, finden Sie in den folgenden Abschnitten.

Dochteffekt

Dass es auch für zunächst unbekannte Kräfte eine vernünftig klingende Erklärung gibt, zeigt die Docht- oder Kerzeneffekt-Theorie. Der Dochteffekt wurde im Rahmen der oben beschriebenen Fälle bereits mehrfach erwähnt und kurz beschrieben:

Ein länger brennendes, heißes Feuer, das zum Beispiel durch in Flammen stehende Textilien verursacht werden kann, sorgt dafür, dass das direkt unter der Haut angesiedelte Fettgewebe des Opfers in einen flüssigen Zustand übergeht.

Dieses Fett verbrennt, wie bereits auch von Otto Prokop beschrieben, dann ähnlich wie bei einer Kerze, ohne dass die Umgebung davon in Mitleidenschaft gezogen wird (Prokop gilt seit vielen Jahren als eine Autorität auf dem Gebiet der deutschen Rechtsmedizin).

Die Kleidung entspricht dabei dem Docht einer Kerze und ihre Wirkung wird sogar noch weiter verstärkt, wenn es sich um mehrere Lagen handelt (zum Beispiel Unterhemd und Hemd oder Pullover). Aus diesem Grunde sind bei den Opfern zumeist auch lediglich die von der Kleidung bedeckten Hautpartien betroffen.

*Beim Dochteffekt entspricht die Kleidung
der Opfer dem Docht einer Kerze*

Die bekannten Fälle haben gezeigt, dass die Unglücklichen bereits zur Zeit des Ausbruchs des Feuers tot oder zumindest ohne Bewusstsein gewesen sein mussten. Die Tatsache, dass der Kleidung bei der Selbstverbrennung nach Ansicht vieler Experten offensichtlich eine große Bedeutung zukommt, könnte möglicherweise auch eine Erklärung dafür sein, dass bisher noch keine vergleichbaren Fälle bei Tieren bekannt wurden.

Ein drastisches Experiment

Auch die Medien haben sich bereits ausführlich mit diesem Thema beschäftigt: Im Jahre 1998 zeigte die britische BBC eine Sendung, die den Titel „The Burning Question" trug und die Docht-Effekt-Hypothese untermauern sollte. Um das Ganze möglichst realistisch und praxisnah zu gestalten, ohne dass dabei ein Mensch zu Schaden kam, wickelte man ein getötetes Schwein in eine Decke und zündete es an.

Die Theorie schien sich tatsächlich zu bestätigen: Das Fett des Schweins brannte sehr lange, ohne dass in der unmittelbaren Umgebung irgendwelche Schäden zu verzeichnen waren. Dies steht jedoch im Widerspruch zu einem dokumentierten Fall, bei dem ein weit oberhalb des Opfers aufgestelltes Fernsehgerät zu schmelzen begann.

Natürlich haben Wissenschaftler, wenn mir diese ironische Anmerkung gestattet ist, auch bei solch interessanten Details immer schnell eine rationale Erklärung parat: Ein gebündelter Strom heißer Luft muss in diesem Fall wohl aufgestiegen und auf das Gerät aufgetroffen sein (Konvektionsströmung).

Alkohol

Wie bereits aus den Fallschilderungen ersichtlich, haben viele der Opfer am Vorabend ihres Todes große Mengen an Alkohol zu sich genommen. Jeder weiß, dass hochprozentiger Schnaps, wenn man ihn anzündet, sehr gut brennt.

Es gibt sogar bestimmte Getränke mit hohem Alkoholgehalt, die flammend im Glas serviert werden. Auch das Flambieren gegrillter Speisen in Restaurants dürfte allgemein bekannt sein und funktioniert nur mit hochprozentigem Alkohol. Doch ist es wirklich vorstellbar, dass dieser Alkohol sogar auch dann brennt, wenn er sich im Inneren eines menschlichen Körpers befindet?

Um es vorweg zu nehmen: Die Antwort lautet heute eindeutig „nein", obwohl man in den vergangenen Jahrhunderten noch der Ansicht war, dass der Genuss von Spirituosen eine Ursache für das plötzliche Aufflammen eines Menschen sein kann.

Die Feuerzangenbowle – ebenfalls mit Flambiereffekt

Inzwischen weiß man, dass ein Mensch, bevor er die zu einem Brand nötige Menge an Alkohol in seinen Körper eingeführt hätte, bereits wesentlich früher an einer Alkoholvergiftung gestorben wäre. Der Alkohol ist im Körper so stark verdünnt, dass er nicht brennen kann. Das ist offensichtlich, denn auch Bier oder Wein, nichts anderes als verdünnter Alkohol, lassen sich nicht anzünden und können auch nicht explodieren.

Bereits **Justus Liebig**, der bekannte Chemiker, konnte schon Mitte des neunzehnten Jahrhunderts beweisen, dass ein Tuch, das zuvor in verdünnten Alkohol getaucht wird, nicht so stark verbrennen kann, dass am Ende nur noch Asche übrig ist.

Justus Freiherr von Liebig (1803 – 1873)
Bild: um 1866

Wichtig für eine Verbrennung ist natürlich auch die Anwesenheit von Sauerstoff: Die Dämpfe des Alkohols steigen auf, mischen sich mit dem Sauerstoff der Umgebungsluft und können erst dann brennen, denn eine Verbrennung ist, wie ich im Chemieunterricht gelernt habe, eine Form der Oxidation, was einer chemischen Verbindung mit Sauerstoff entspricht. Im Körper eines Menschen fehlt dieser Luft-Sauerstoff jedoch, so dass dort noch nicht einmal eine höhere Alkoholkonzentration einen Brand begünstigen könnte.

Elektrizität und die Erklärung von Robin Beach

Jeder kennt das Phänomen der Reibungselektrizität, auch Triboelektrizität genannt. Wer hat nicht schon einmal bei sehr trockener Umgebungsluft einen leichten elektrischen Schlag bekommen, nachdem er mit Kunststoffsohlen über einen Teppichboden lief und dann mit seiner Hand einen Türgriff, einen Wasserhahn oder ein Heizungsrohr berührte?

Kurz vor der Berührung lässt sich, wenn es in der Umgebung nicht allzu hell ist, sogar oft ein kleiner, bläulicher Funken oder Lichtbogen beobachten, der zwischen Finger und Metall überspringt. Bei diesem Effekt sammeln sich aufgrund von Reibung (lat. tribere = reiben) auf unserer Körperoberfläche elektrische Ladungen an, die durch die Nähe einer größeren Metallmasse angezogen werden.

Die Ladung versucht, eine Art „Ausweg" zu finden bzw. einen Ausgleich zu schaffen, indem sie in die von jeglicher Ladung befreite Metallmasse eindringt und dabei sogar längere Strecken durch die Luft überwindet. Das Ergebnis ist ein Funke, und Funken können bekanntlich auch Dinge in Brand setzen.

Doch ganz so einfach ist das nicht. Solch ein Funke kann zwar innerhalb eines Feuerzeugs Gas zum Entflammen bringen und hat durch das Reiben von Steinen in ferner Vergangenheit auch zum Feuermachen gedient, aber zum Auslösen einer spontanen Verbrennung eines Menschen ist er wohl eher ungeeignet.

Wäre das Gegenteil der Fall, dann wären wir wahrscheinlich schon viel häufiger Zeuge solcher Vorfälle geworden, denn es passiert vor allem bei trockener Luft sehr oft, dass wir einen elektrischen Schlag beim Anfassen von Türklinken bekommen und dabei auch Funken überspringen. Dennoch war der Elektroingenieur Robin Beach aus New York der Überzeugung, die spontane menschliche Selbstentzündung sei das Resultat einer „elektrostatischen Entladung", wie man das Ganze auch nennen kann.

Vor dem Überspringen des Funkens baut sich zwischen Quelle und Senke (Finger und Türgriff) eine elektrische Spannung auf. Diese kann bis zu einigen zehntausend Volt betragen. Doch warum werden wir durch diese hohe Spannung (die auch beim Haare-Kämmen und Pullover-Ausziehen entstehen kann) nicht getötet? Weil die dahintersteckende Energie einfach nicht ausreicht, um den für eine Tötung notwendigen Strom durch unseren Körper zu treiben.

Doch zurück zu Mr. Beach. Nach seiner Meinung sollen bei Menschen mit sehr trockener Haut extrem hohe Spannungen bis zu 30.000 Volt entstehen. Doch nun kommt die recht dürftige Begründung von Beach: Diese Spannung soll „unter gewissen Umständen" zu dem bei der spontanen Selbstverbrennung beobachteten Feuer führen. Eine genaue Beschreibung, wie diese „gewissen Umstände" konkret beschaffen sein sollen, blieb Beach jedoch schuldig, so dass wir diesen Versuch einer Erklärung des Phänomens getrost als untauglich abheften können.

Chemische Reaktionen

Knallgas

In seinem im Jahre 1996 veröffentlichten Buch „The Entrancing Flame" untersuchte der Polizist und Autor John E. Heymer die psychischen Hintergründe von Todesfällen. Dazu zählte er auch Fälle, bei denen die Einsamkeit der Opfer zu psychisch labilen Zuständen führte.

Laut Meinung des Autors sollen psychosomatische Prozesse in diesen Fällen dazu führen, dass Wasserstoff und Sauerstoff innerhalb des menschlichen Körpers freigesetzt werden und zu Explosionen in den Mitochondrien der Zellen führen - vermutlich eine Knallgas-Explosion.

Knallgas entsteht durch Mischung von Sauerstoff und Wasserstoff und ist hochexplosiv. Bei Mitochondrien handelt es sich um kleinste Gebilde innerhalb einer Zelle, die dort für verschiedene, wichtige Aufgaben zuständig sind. Dies widerspricht jedoch allen bisherigen wissenschaftlichen Erkenntnissen.

Pyroton

Der Ingenieur Larry Arnold glaubte, eine ähnliche Ursache in einem bisher unentdeckten, subatomaren Teilchen gefunden zu haben, dem er den Namen Pyroton verlieh (1995). Auch diese These ist jedoch wissenschaftlich nicht haltbar.

Phlogiston

In den vergangenen Jahrhunderten gab es eine heute längst vergessene Theorie über einen Stoff, von dem man annahm, mit ihm die spontane Selbstentzündung erklären zu können: Das Phlogiston.

Man glaubte damals, dass bei einer Verbrennung eine von **Georg Ernst Stahl** erstmals im Jahre 1697 so bezeichnete Substanz entweiche. Nach der Entdeckung des Sauerstoffs fand man jedoch andere Erklärungen für Verbrennungsvorgänge, so dass unter anderem der berühmte Forscher Lavoisier die Phlogiston-Theorie ablehnte, diese gegen Ende des 18 Jahrhunderts in Vergessenheit geriet und heute zu den berühmten wissenschaftlichen Irrtümern gezählt wird.

Georg Ernst Stahl (1660–1734),
deutscher Chemiker, Mediziner und Metallurge

Ley-Linien

Viele Forscher haben versucht, Fälle der spontanen Selbstverbrennung mit so genannten „Ley-Linien" in Verbindung zu bringen, angebliche Kraftlinien in der Erde, die über die gesamte Erdkugel verlaufen.

Die Existenz solcher Ley-Lines wurde erstmals im Jahre 1921 von einem gewissen **Alfred Watkins** vorgetragen, ein Hobby-Archäologe, der der Ansicht war, dass es sich hierbei um künstlich angelegte Linien handele, die zur Erleichterung der Navigation im zu früheren Zeiten in Europa noch vorhandenen, dichten Urwald dienten.

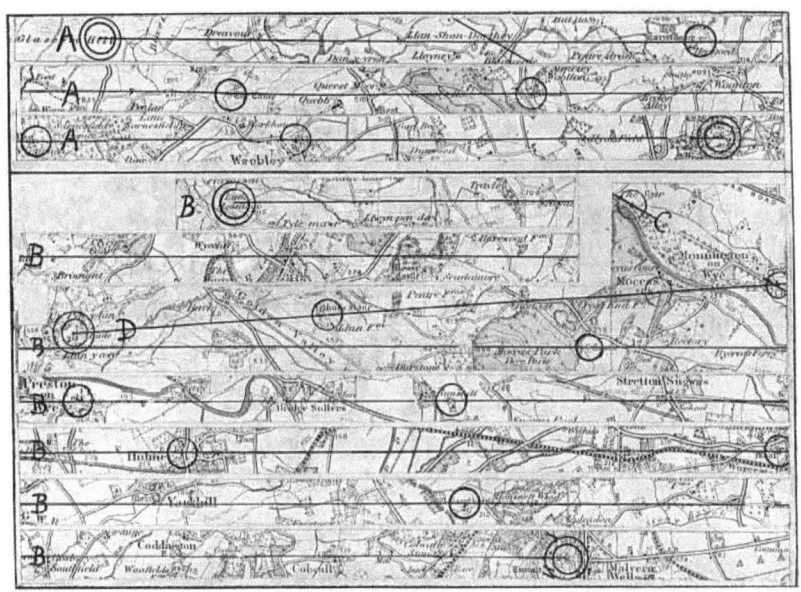

Alfred Watkins (1855-1935), Map of two leys

Später wurden diese Ley-Linien jedoch von der Esoterik mit übernatürlichen Kräften in Zusammenhang gebracht und man vermutete, dass eine geheimnisvolle Kraft entlang dieser Linien wirkte.

Larry Arnold behauptete in seinem Buch „The Mysterious Fires of Spontaneous Human Combustion" (Die geheimnisvollen Feuer der spontanen menschlichen Verbrennung), Watkins habe an einer Reihe von Orten mit dem Namen „Brent" (altes englisches Wort für „verbrannt") ein Muster von Ley-Linien entdeckt.

Arnold erklärte weiterhin, dass er selbst eine Reihe solcher Linien auf einer Landkarte eingezeichnet, und mit den Orten spontaner Selbstverbrennung verglichen habe. Angeblich habe er dabei sogenannte „fire-leynes" (Feuer Leynes = Mischung aus Ley und Lines) entdeckt.

Eine dieser Linien soll über 600 Kilometer lang sein und durch fünf Städte führen, in denen bis zum damaligen Zeitpunkt zehn unerklärliche Brände und mehrere spontane Selbstverbrennungen aufgetreten sein sollen (zwischen 1852 und 1908). Mit rein wissenschaftlichen Methoden lassen sich irgendwelche von Ley-Linien ausgehenden Kräfte jedoch nicht nachweisen.

Kugelblitze und kugelblitzähnliche Phänomene

Das umstrittene Phänomen der Kugelblitze wird seit jeher heiß diskutiert. Während man noch bis vor wenigen Jahrzehnten Kugelblitze für reine Hirngespinste hielt, ist die Wissenschaft heute tatsächlich davon überzeugt, dass es sie gibt.

Ich persönlich glaube nicht nur an Kugelblitze, sondern ich weiß sogar, dass es sie gibt: Ich habe als zehnjähriges Kind zusammen mit meiner Familie selbst einen Kugelblitz beobachtet, der nach einem Blitzeinschlag etwa zehn Minuten auf der Spitze eines Hochspannungsmastes balancierte.

Daher würde ich solch einen Kugelblitz oder ein kugelblitzähnliches Phänomen als Ursache für eine spontane Selbstverbrennung durchaus nicht ausschließen, denn Kugelblitze können, wie eine vom Wind getragene Feder, minutenlang durch die Luft schweben und sogar durch geschlossene Fenster dringen. Am häufigsten wurden sie beobachtet, wenn Gewitter in der Nähe sind. Mit nahezu 10.000 beobachteten Kugelblitzen innerhalb der letzten Jahrzehnte ist die Wissenschaft inzwischen überzeugt, dass sie tatsächlich existieren.

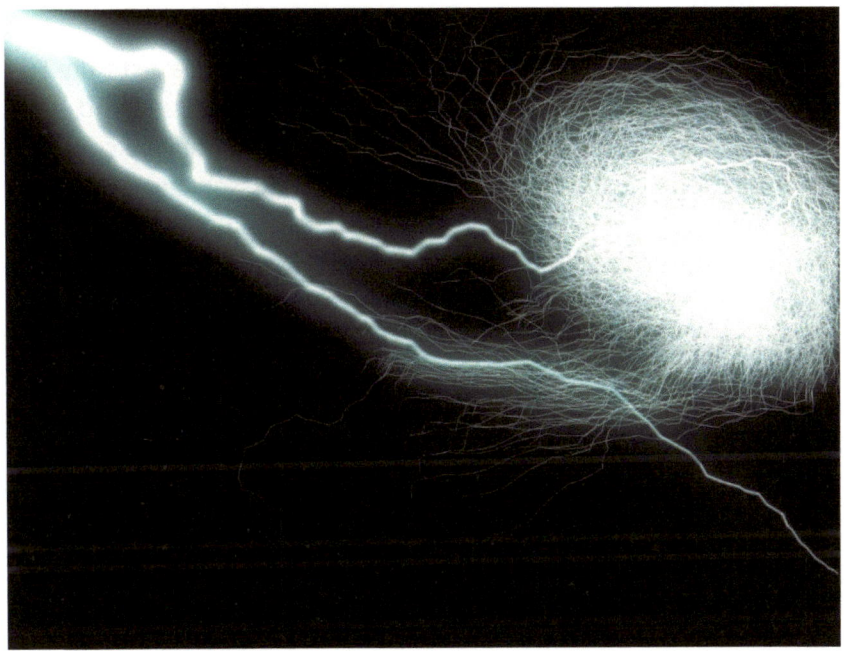

Ein Kugelblitz als Auslöser der spontanen Selbstentzündung?

Hier zwei konkrete Beispiele: In einem Bericht der britischen Royal Society wird beschrieben, wie ein leuchtendes, kugelförmiges Objekt im US-Staat Oregon beim Eindringen in ein Haus ein Loch von der Größe eines Fußballs in einem Fliegengitter erzeugte. Es bewegte sich weiter in Richtung Keller und beschädigte dort eine Wäschemangel.

Eine andere Geschichte erzählt von einem Vorfall, der sich 1921 in Pennsylvania im Hause eines angeblich sehr glaubwürdigen Pastors mit Namen John Henry Lehn abspielte. Während eines Gewitters bemerkte er plötzlich, wie ein gelblich gefärbter Kugelblitz durch das geöffnete Fenster eindrang, wobei sich das Objekt durch einen Vorhang hindurchbewegte, ohne dass dieser beschädigt wurde.

Die Kugel schwebte weiter ins Badezimmer, umkreiste die Füße von Lehn, sprang schließlich ins Waschbecken und verschwand im Abfluss, wobei die metallene Kette, an welcher der Gummistopfen zum Verschließen das Abflusses hing, in zwei Teile schmolz. Als sei diese Geschichte nicht kurios genug, wiederholte sie sich ein paar Wochen später exakt ein zweites Mal mit genau demselben Szenario, wobei auch die Kette ein zweites Mal beschädigt wurde.

Dieser Vorfall, der aus dem Buch „Unerklärliche Phänomene" von Viktor Farkas stammt, wird auch in dem Buch „Feurige Zeichen" von Illobrand von Ludwiger erwähnt. Die genannten Autoren beschreiben in ihren durchaus empfehlenswerten Werken zahlreiche weitere, gut dokumentierte Fälle, in welchen sich Kugelblitze auf sehr merkwürdige Art und Weise verhielten und teilweise sogar ein intelligentes Verhalten an den Tag legten. Offensichtlich scheinen sie Menschen gezielt auszuweichen, während bereits zahlreiche Tiere durch die Berührung mit einem Kugelblitz getötet wurden.

Doch wie lässt sich erklären, dass ein Kugelblitz so hell wie eine helle Glühbirne leuchten kann und über keine sichtbare

Stromquelle verfügt? Wodurch ist es möglich, dass Kugelblitze zwar keine Wärme abstrahlen, aber dennoch in der Lage sind, Glas und Metallketten zum Schmelzen zu bringen und Vorhänge zu verschonen?

Eine gängige Theorie zur Entstehung von Kugelblitzen besagt, dass bei einem Blitzeinschlag in die Erde das dort im Sand enthaltene Silizium verdampft und dieses sich zu einer schwebenden Kugel formt – ähnlich einer Seifenblase. Doch diese Theorie ist umstritten und manche Forscher führen die Entstehung von Kugelblitzen auf eine Vielzahl komplexer Vorgänge zurück, zumal es keine Erklärung dafür gibt, woher die Energie stammt, die dafür sorgt, dass Kugelblitze über Minuten oder gar länger existieren und dabei so hell leuchten können.

Professor John Abrahamson von der Universität von Canterbury in Christchurch ist der Meinung, dass chemische Prozesse, die mit denjenigen bei der Entstehung von Kugelblitzen verwandt sind, auch für die spontane Verbrennung von Menschen verantwortlich sein könnten, wenn diese auf unerklärliche Weise plötzlich in Flammen aufgehen.

Wie bereits im Kapitel über die Vorfälle in Canneto di Caronia beschrieben, scheinen Kugelblitze nur eine Erscheinungsform eines größeren Rätsels zu sein: Schon zu allen Zeiten tauchten an verschiedenen Orten der Welt schwebende, kleine und große leuchtende Kugeln auf, die zum Teil ein intelligentes Verhalten an den Tag legten und Menschen entweder auswichen oder sie gezielt berührten.

Angeblich sei es auch einigen Menschen gelungen, die Bewegung dieser Objekte durch Gedanken zu steuern. Mitunter auch als Orbs bezeichnete Kugeln bzw. Gebilde sind auch in England in der Nähe der jedes Jahr aufs Neue erscheinenden Kornkreise bereits des Öfteren beobachtet und gefilmt worden (z. B. das Video von Steve Alexander aus den Neunziger-Jahren).

Ob sie jedoch mit Kugelblitzen verwandt sind, ist fraglich. Es ist vorstellbar, dass viele oft auch als „Plasmakugeln" bezeichnete Gebilde, woher sie auch immer stammen, eine hohe Energie in sich tragen, die bei der absichtlichen oder zufälligen Berührung mit Menschen zu deren (kugel-)blitzschnellen Verbrennung führen können.

Dies würde viele der im Zusammenhang mit diesem Phänomen beobachteten Erscheinungen erklären, aber es gibt keine Beweise für diese Theorie, so dass auch dieser Versuch einer Erklärung reine Spekulation bleiben wird.

Göttliche Strafen

In den noch sehr stark religiös geprägten, vorigen Jahrhunderten war es naheliegend, göttliche Strafen für den spontanen Feuertod von Menschen verantwortlich zu machen, genauso, wie man Gott, dem Teufel oder dem Einfluss von Hexen, allerlei Ungemach wie zum Beispiel Missernten oder Epidemien in die Schuhe schob. Eine bequeme Sichtweise, denn damit war die Angelegenheit geklärt und man konnte zur Tagesordnung übergehen.

Mangelnder Lebenswille

Eine Erklärung, die sich bis heute hält und zum Beispiel auch von Heymer in seinem Buch „The Entrancing Flame" beschrieben wurde, ist die der psychischen Konflikte. Danach sollen vor allem Menschen mit Selbstmordabsichten, die keinen Sinn oder keine Freude mehr in ihrem Leben erkennen, zu den bevorzugten Opfern der spontanen Selbstverbrennung zählen. Dem Autor Viktor Farkas zufolge („Unerklärliche Phänomene jenseits des Begreifens") gehören auch einige der in diesem E-Book zu Anfang beschriebenen Opfer zu diesem Personenkreis.

UFOs

Es gibt sogar Zeitgenossen, die das Phänomen der spontanen Selbstverbrennung auf außerirdische Aktivitäten (UFOs) zurückführen. Dies wird damit begründet, dass angeblich fast alle Opfer im Laufe ihres Lebens nach eigenen Angaben schon einmal von UFOs entführt worden seien und man ihnen bei diesem Anlass Implantate (ein in der UFO-Forschung bekanntes Phänomen) in ihren Körper eingepflanzt habe.

Woher diese Informationen stammen sollen, ist mir allerdings ein Rätsel, denn ich bin bisher keinem konkreten Fall dieser Art begegnet. Wie auch immer: Diese Implantate hätten nach der Vermutung einiger Ermittler gelegentlich zu Fehlfunktionen geneigt, was dann zu den Bränden geführt hätte.

Ich gebe zu, dass diese Theorie recht absurd und wie an den Haaren herbeigezogen klingt und, wie gesagt, auch wenig bekannt ist. Es gibt zwar Fälle, in welchen der Einsatz von Alien-Implantaten angeblich nachgewiesen wurde, und ausreichend Literatur, in der dies beschrieben wird (z. B. Alien Discussions, John Mack), doch mit irgendwelchen Bränden wurden sie, soweit mir bekannt ist, bisher nicht in Verbindung gebracht.

Laserwaffen und Sonstiges

Eine Verbrennung der hier beschriebenen Art könnte auch mit einer laser-ähnlichen Waffe durchgeführt werden, die aus der Ferne auf einen Menschen gerichtet wird und deren Strahlung imstande wäre, Mauern zu durchdringen (Maser).

Es ist jedoch unvorstellbar, dass solche Geräte bereits vor hunderten von Jahren existierten, und viele halten die Existenz solcher Waffen sogar heute für eher unwahrscheinlich. Sogar der Erdmagnetismus und die durch eine spezielle Art des Yoga freigesetzten Energien (Kundalini) mussten zeitweise für eine Erklärung der spontanen Selbstverbrennung herhalten.

Laserlicht – eine mögliche Erklärung für die Selbstentzündung?

Fazit

Wenn mich, nach meiner umfangreichen Recherche und dem anschließenden Schreiben dieses bescheidenen E-Books, jemand nach meiner Meinung zur „Spontanen Selbstverbrennung" fragt, so muss ich, wenn ich ehrlich bin, zugeben, dass ich keine eindeutige Stellung zu diesem Thema beziehen kann.

Der Grund dafür ist einfach: Es liegen zu wenig detaillierte Informationen zu den einzelnen Vorfällen vor. Viele davon haben sich bereits vor Jahrzehnten oder gar Jahrhunderten ereignet. Eine große Anzahl der Fälle wurde in verschiedenen Meldungen der Sensationspresse aufgebauscht und verfälscht, und die im Internet kursierenden Informationen sind nicht gerade sehr ergiebig.

Wenn ich daher beurteilen soll, ob die Fälle der spontanen Selbstverbrennung auf handfeste, physikalische Ursachen zurückzuführen sind oder ob es sich um übernatürliche, also nicht naturwissenschaftlich erklärende Vorgänge handelt, muss ich, wie bereits in der Einleitung erwähnt, überlegen, was die wahrscheinlichste Ursache sein könnte und dann überprüfen, was in einigen Fällen dagegen spricht.

Nachdem ich mich ausführlich über den Dochteffekt informiert habe, neige ich zu der Ansicht, dass dieser in vielen Fällen eine gute Erklärung darstellt. Ein Mensch wird durch den Einfluss von Medikamenten oder Alkohol oder durch einen aufgrund geschwächter Gesundheit erfolgenden Anfall bewusstlos, seine Kleidung fängt Feuer und das Schicksal in Form des Dochteffektes (siehe oben) nimmt seinen Lauf. In vielen Fällen? Was ist mit dem Rest?

Viktor Farkas beschreibt in seinem bereits erwähnten Buch „Unerklärliche Phänomene jenseits des Begreifens" eine Reihe von Vorkommnissen, in welchen, wie in den oben geschilderten vier Beispielen, bei weiteren Personen plötzlich und ohne erkennbare Ursache Flammen aus den Körpern drangen und dies von Augenzeugen beobachtet wurde.

Es würde an dieser Stelle zu weit führen, all diese Fälle zu schildern, so dass ich auf die Quellenangaben am Ende des Buches verweisen möchte. Jedenfalls deuten Fälle dieser Art für mich mit hoher Wahrscheinlichkeit darauf hin, dass es neben der Ursache des Dochteffekts auch weitere, bisher ungeklärte Ursachen für die spontane Verbrennung gibt.

Woher kommen diese Feuer? Wodurch werden sie verursacht? Einige Augenzeugen berichten, dass das Feuer keine Ähnlichkeit mit den Flammen gehabt habe, die wir zum Beispiel von einem Feuer in einem Kamin oder einem Ofen kennen, sondern dass es sich um eine Art bläulich-weiße Lichterscheinung gehandelt habe.

Andererseits ist es in einem Fall dem Betroffenen angeblich sogar gelungen, das Feuer mit seiner Hand durch Abschneiden der Sauerstoffzufuhr zu ersticken und sich damit zu retten. Auch die Fälle, in denen benachbarte Gegenstände trotz großer Hitze keine Verbrennungen aufwiesen, lassen sich nicht so einfach erklären.

Völlig unbegreiflich ist für mich die Tatsache, dass ein Feuer, das einen Menschen zu Asche verbrennt, auch ein breites Loch in die Decke (den Boden) eines Hauses brennen kann (Irving Bentley). Auch der geschrumpfte Schädel von Mary Reeser (wenn es sich um ihren Schädel handelte und sich der Pathologe nicht geirrt hat) ist nicht mit dem Dochteffekt zu erklären. Es gibt (ebenfalls im erwähnten Buch von Farkas), Fälle spontaner Selbstverbrennung, in denen sogar die Glasscheiben eines Autos geschmolzen sind

Doch was könnte dann die Brände verursacht haben? Wir wissen es nicht, doch wenn man mich zwingen würde, mich für eine Erklärung zu entscheiden, würde ich die Theorie der „fliegenden Energiekugeln" (ein Teil des Kugelblitzphänomens) favorisieren.

Auch wenn Farkas in seinem geschilderten Buch diese Erklärung ablehnt, weil solche Kugeln Menschen angeblich verschonen, erscheint mir die Erklärung durch schwebende „Energiekugeln" recht plausibel: Zahlreiche Falluntersuchungen und Berichte glaubwürdiger Augenzeugen deuten darauf hin, dass solche Objekte existieren und Brände verursachten. Im Falle des sizilianischen Dorfes Canneto di Caronia, dem ich ein kurzes Kapitel gewidmet habe, lassen die vielen, von den Betroffenen im Moment ihrer Entstehung beobachteten, spontanen Brände an Möbeln solch eine Ursache als durchaus realistisch erscheinen.

Hinzu kommen nicht zuletzt auch die gleichzeitig von vielen Bewohnern immer wieder beobachteten, aus dem Meer aufsteigenden, fliegenden, rot leuchtenden Kugeln. Natürlich verlange ich von niemandem, sich dieser Theorie anzuschließen: Es handelt sich hier lediglich um meine persönliche Lieblings-Erklärung.

Wer sich jedoch mit dem Thema und der dazu vorhandenen Literatur näher beschäftigt, könnte durchaus zu dem Schluss kommen, dass ich mit meiner Ansicht vielleicht gar nicht so Unrecht habe. Aber es könnte natürlich, wie beim Thema Grenzwissenschaft üblich, auch alles ganz anders sein und damit zusammenhängen, dass unsere Realität nur eine Art Computersimulation darstellt (Matrix-Theorie) und bei solchen Ereignissen irgendwas im Programmcode schiefgelaufen ist.

Lief nicht sogar im bekannten Kinofilm „Matrix" genau dieselbe Katze zweimal an den Darstellern vorbei – und erinnert dies nicht an die oben geschilderte Geschichte des Pastors, bei dem ein Kugelblitz im Abstand von mehreren Wochen zweimal genau die gleichen Bewegungen vollführte und die gleichen Schäden hinterließ?

Vielleicht hat Sie dieses kleine E-Book ja neugierig auf das Gebiet der Grenzwissenschaft gemacht und Sie denken weiter über das Thema nach? Vielleicht fallen Ihnen sogar selbst weitere Erklärungen dazu ein? Das würde mich freuen, denn dann hätte sich meine Arbeit gelohnt.

Quellenangaben

Bücher

Viktor Farkas: „Unerklärliche Phänomene. Jenseits des Begreifens"

Viktor Farkas: „Rätselhafte Wirklichkeiten. Aus den Archiven des Unerklärlichen"

Illobrand von Ludwiger: „Feurige Zeichen aus höheren Dimensionen: Kugelblitze, Orbs, spontane Feuer und eingebrannte Hände"

Nigel Blundell: „Die größten Geheimnisse unserer Welt"

Internet

https://de.wikipedia.org/wiki/Spontane_menschliche_Selbstentzündung

http://www.exampleproblems.com/wiki/index.php/Spontaneous_human_combustion

https://www.freenet.de/nachrichten/wissenschaft/spontan-verbrannt_726380_4702462.html

https://web.de/magazine/wissen/spontane-selbstentzuendung-mensch-brennenden-fackel-31404980

https://www.gwup.org/infos/themen/107-sonstige-themen/761-spontane-menschliche-selbstzuendung

https://www.fischinger-blog.de/2016/03/spontane-menschliche-selbstzuendung-ein-ungeklaertes-phaenomen-oder-nur-gruselige-unfaelle-und-missverstaendnisse/

https://wissen.naanoo.de/wissen/selbstentzuendung

https://wissenschaft3000.wordpress.com/2012/06/07/spontanverbrennung-in-wahheit-der-effekt-einer-mikrowellenwaffe/

http://www.theparanormalguide.com/blog/spontaneous-human-combustion

https://www.livescience.com/40086-unexplained-files-can-humans-spontaneously-combust.html

https://www.thesun.co.uk/tech/8200790/spontaneous-human-combustion-real-burns-incendiary-bomb-scientist-claims/

https://www.britannica.com/story/what-is-hexavalent-chromium-or-chromium-6

https://allthatsinteresting.com/spontaneous-human-combustion

http://anomalyinfo.com/Topics/spontaneous-human-combustion-brief-history

http://anomalyinfo.com/Topics/spontaneous-human-combustion-reports-chronological-order

http://anomalyinfo.com/Topics/spontaneous-human-combustion-brief-history

https://www.epochtimes.de/wissen/forschung/spontanverbrennung-neuer-fall-in-irland-a791851.html

https://archive.seattletimes.com/archive/?date=19900401&slug=1064313

https://kupdf.net/download/viktor-farkas-unerkl-auml-rliche-ph-auml-nomene_58f71bd1dc0d60d15bda981c_pdf

Bildquellen

Von dem Mann war nur ein Häufchen Asche zurückgeblieben …

(Bildquelle: https://unsplash.com/photos/vp4F4_K0P5w)

Madame Millets Kopf und ihre inneren Organe waren nur zum Teil vom Feuer verschont geblieben

(Bildquelle: https://pixabay.com/de/vectors/knochen-toten-kopf-skelett-sch%C3%A4del-1299297/

Wurde die Gräfin tatsächlich vom Blitz erschlagen? …

(Bildquelle: https://unsplash.com/photos/uu-Jw5SunYI)

War das Kaminfeuer schuld am Tod der Frau?

(Bildquelle: https://unsplash.com/photos/_AnM63h--Eo)

Starb Danny Vanzandt, weil die Zigarette seine Kleidung in Brand gesteckt hatte?

(Bildquelle: https://pixabay.com/de/photos/rauch-zigarette-rauchen-tabak-933237/)

Das Opfer überlebte zunächst mit schweren Verbrennungen …

(Bildquelle: https://unsplash.com/photos/UKX_DwNKXSA)

Beispiel: Defekter Netzstecker, verursacht durch verzinnte Litze, © HansPL, Bildquelle: Wikipedia, gemeinfrei

https://commons.wikimedia.org/wiki/File:Defekter_Stecker_mit_verzinnter_Litze.jpg

Illobrand von Ludwiger Autor, Physiker und Systemanalytiker in der Luft- und Raumfahrtindustrie.

Quelle: Wikipedia, gemeinfrei, https://commons.wikimedia.org/wiki/File:Illobrand_von_Ludwiger.jpg

Beispiel für die legendären Schrumpfköpfe, die allerdings keine Knochen enthalten

Bildquelle: https://pixabay.com/de/photos/schrumpfk%C3%B6pfe-ureinwohner-tribal-258959/

Hat eine Öllampe den Tod der Gräfin verursacht? ...

(Bildquelle: https://pixabay.com/de/photos/lampe-%C3%B6llampe-nostalgie-alt-2903830/)

Autor Charles Dickens (1812-1870), Foto um 1867, Heritage Auction Gallery

(Quelle: Wikipedia, gemeinfrei https://commons.wikimedia.org/wiki/File:Dickens_Gurney_head.jpg)

Beim Dochteffekt entspricht die Kleidung der Opfer dem Docht einer Kerze

(Bildquelle: https://unsplash.com/photos/RTF_nYoBEzE)

Die Feuerzangenbowle – ebenfalls mit Flambiereffekt

Bildquelle: https://pixabay.com/de/photos/feuerzangenbowle-anz%C3%BCnden-silvester-721255/

Justus Freiherr von Liebig (1803 – 1873) Bild: um 1866

(Bildquelle: Wikipedia, gemeinfrei https://commons.wikimedia.org/wiki/File:Justus_von_Liebig_NIH.jpg)

Georg Ernst Stahl (1660–1734), deutscher Chemiker, Mediziner und Metallurge

(Bild: Wikipedia, gemeinfrei
https://commons.wikimedia.org/wiki/File:Georg_Ernst_Stahl_crop.jpg)

Alfred Watkins (1855-1935), Map of two leys

(Bildquelle: Wikipedia, gemeinfrei
https://commons.wikimedia.org/wiki/File:Alfred_Watkins_-_Map_of_two_leys.jpg)

Ein Kugelblitz als Auslöser der spontanen Selbstentzündung?

(Bildquelle: https://pixabay.com/de/illustrations/kugelblitz-entladung-blitz-500445/)

Laserlicht – eine mögliche Erklärung für die Selbstentzündung?

(Bildquelle: https://pixabay.com/de/photos/laser-laserlicht-forschung-labor-11646/)

Über den Autor

Kurt Diedrich ist seit über 40 Jahren hauptberuflich als technischer Autor, Übersetzer und Computergrafiker für verschiedene, große Unternehmen der IT-Branche sowie für eine bekannte große Fachzeitschrift tätig gewesen.

Zusätzlich arbeitet er in diesem Bereich seit langer Zeit auch freiberuflich für verschiedene Verlage, unter anderem als Autor mehrerer Bücher zu den Themen *Elektronik* und *Computerprogrammierung*. In den letzten beiden Jahren sind von ihm außerdem zwei Bücher zu grenzwissenschaftlichen Themen erschienen.

Mehr Infos über Kurt Diedrich finden Sie auf seiner Webseite:
https://www.subroutine.info/der-autor/

Weitere Bücher aus unserem Programm:

Chen Lu Wang ● ● ●

Krafttiere

Woher stammen sie und wie kann man ihnen begegnen?

Der Achtsamkeits-Ratgeber

Anleitung zur Stressbewältigung

Chen Lu Wang